imaginist

想象另一种可能

理
想
国

imaginist

说中国

一个不断变化的复杂共同体

〔美〕许倬云 著

九州出版社
JIUZHOUPRESS

图书在版编目(CIP)数据

说中国：一个不断变化的复杂共同体 / (美) 许倬云著. -- 北京：九州出版社，2023.12 (2025.8 重印)
ISBN 978-7-5225-2515-0

Ⅰ. ①说… Ⅱ. ①许… Ⅲ. ①中国历史—研究 Ⅳ. ① K207

中国国家版本馆 CIP 数据核字 (2023) 第 225138 号

说中国

作　　者	[美] 许倬云 著
责任编辑	王佶　周春
出版发行	九州出版社
地　　址	北京市西城区阜外大街甲35号（100037）
发行电话	（010）68992190/3/5/6
网　　址	www.jiuzhoupress.com
印　　刷	山东新华印务有限公司
开　　本	850毫米×1168毫米　1/32
印　　张	8.25
字　　数	158千
版　　次	2023年12月第1版
印　　次	2025年8月第3次印刷
书　　号	ISBN 978-7-5225-2515-0
定　　价	59.00元

卷首语

《说中国》是前此《万古江河》与《我者与他者》的延续；两年来，我再次尝试，为“华夏”分析其内涵与外延，可谓相当于化学定性分析的工作。

二年刀圭，三载疗治，长夜不寐，随时思索。我终于认知，这一多元复杂共同体，不能仅仅从国家、族群或文化各自单一角度讨论，而应看作三者的混合体。由于该共同体很早就凝聚了一个核心，才有不断转变与成长的依托：因能容纳，而成其大；因能调适，而成其久。这一共同体，经历了目前进行的全球化，应以其特性，融合各处人类，共同缔造人类共有的大同天下。

我以口述撰著是书，而全部笔录之过程，由陈珮馨女士帮助完成。陈航先生替我联络出版。冯俊文先生首次提出这一课题。王德威先生让我远距离参加哈佛讨论会，因此颇得启发。完稿后，承蒙葛兆光先生撰文解说，提玄勾要，画龙点睛，既感知己，又佩功力。海峡两岸分别出版繁、简字体版本，烦劳编辑同人之处甚多。对于上述各位，谨此致谢。曼丽护持病体，劳累非常。夫妇患难与共，则无法以“谢”字表达了。

目 录

附录

自序

我们究竟是谁?

本书的起因，乃是有一位朋友提出一个问题："我"究竟是谁？中国人？汉人？唐人？华人？或者按照外国人称呼我们的名称，例如契丹（Khitan/Cathay）？支那（Sina/China）？桃花石？鞑靼？

"中国究竟是什么？我们究竟是谁？"这个问题，不是一言两语可以解决的。这本书也不过是在尝试，如何界定"中国"。

在人类的历史上，中国这个个案，确实是相当特殊。欧洲有过希腊、罗马、教廷这几个大型共同体，中东也有过伊斯兰共同体，南亚有过印度共同体。但是，中国这个共同体，其延续之长久，而且一直有一个相当坚实的核心，在同一个地区继长增高，其内容却不断地改变，不断地调适；凡此，都是上述另外几个共同体不能同日而语的。

“中国”这个共同体，与其说是国家，毋宁说是“天下”，它没有边界，周边政权对中央王朝有不同程度的归属。“中国人”的观念之内，也有许多存在差异的族群。到今天，各省的方言，甚至各地人群的体质，也有显著的南北之分、西东之别。中国的文化，其内容也很复杂，不像欧洲，可以以宗教信仰界定——例如，基督教的世界，或者像南亚、中东一样，是某种信仰的世界。中国固然以儒家为思想主体，却同样有强大的佛教和道教影响，更别提还有许多地方性信仰在发挥作用。相对于犹太 / 基督 / 伊斯兰体系，中国这个复杂系统没有一神教的排他性，有多元并存的空间；相对于婆罗门 / 印度教体系，这个复杂系统也没有被种姓阶级割裂。因为有多元并存的空间，中国体系容易接纳外来新因素；也因为没有阶级割裂，中国体系容许社会流动，易于进行内在的调适。

第一个因素，维系“中国”这个观念的真正力量，可能是经济。经过长期构建的市场交换网，使得各地的物资有无相通，也互相依赖。第二个因素，中国固然长期被皇权统治，但是从秦汉以后，并没有明确的贵贱阶级之分。一般的老百姓，都是编户齐民；统治阶层中的文官，大致言之，都是凭其知识和能力进入精英阶层，这些精英并不能永远世袭。第三个因素，可能是虽然中国的方言复杂，却有一个以视觉符号作为基础的文字系统。它可以超越语言的区隔，作为人与人之间的交流工具，也作为超越时间的资料媒介，使得文化得以赓续。

以上三个因素，可能使得中国虽然广土众民，但可以确保国家内部的互相沟通，谁也不会被排斥在外，如此，“中国人”才有一个共同的归属感。相对于其他几个巨大的共同体，中国人大体上居住在同一地区，只有扩张而没有迁移。中国内部区间的人口流动，使得不同的人群有混合的机会，更重要的是，促使文化产生了共同性，经过不断的融合，在总体上，中国文化只有逐渐的变化，而没有突然的断裂，这才使得“中国”的观念可以长期维持。

到了近世五百年，有了蒙古、满族两次少数民族的征服，“中国人”之间才有因种族差异而出现的阶级。可是，在民国建立以后，这种差别也就消失了。

当人类现代文明在欧美发轫，并且迅速开展，引导全球普遍发生巨大变化时，中东、南亚两个复杂文化体系内的几个古代帝国或其列国秩序，纷纷解体。中国体系由于上述征服王朝造成的系统失序，也一时失去自我调适的能量和活力，以致有近二百年的颠簸蹒跚，不知适从。自从清朝末年的变法维新，及至今日，中国逐渐随着西方模式，将自我界定为“主权国家”；又因为欧洲近代国家定义，本身具有强烈的“民族国家”特质，中国也不得不迁就世界潮流，界定自己为“多民族”的“主权国家”。中国的内部秩序，至少一个世纪以来，徘徊于“民主 vs. 集权”“个人自由 vs. 社会福祉”等种种抉择之间。一个世纪以来，走了不少冤枉路，也犯了许多错误。

台海两岸的中国人，以及海外的中国人，还在不断探索出路，各处有志之士无不卷入这一极具挑战性的巨大志业之中。

中国固然在变，我们也必须认识到世界也在变。在全球化已经不可避免时，世界可能重组，成为人类共同归属的庞大复杂体系，不能永远停留于列国体制的不绝斗争之中。如果大家要建构一个“天下模式”的世界秩序，中国曾经尝试数千年的经验，无论成败、得失，应当都有值得参考之处。

本书讨论的方法，是将上述中国的复杂体系作为研究对象，考察其中政权、经济、社会和文化观念这四个项目，将其作为四个变量，考察其共同建构、交互作用以及不断适应的动态趋衡。本书的副题“一个不断变化的复杂共同体”,即是由此而来。“共同体”之名称，假如用英文表达，应当是“common-wealth”，意指大家在这个共同体之内，不仅互相容忍，而且互相支持、共蒙福祉。今天，世界正在全球化，任何共同体都不能避免与其他共同体互动。互动之余，将来结果如何，我们无法知道。不过，至少我盼望，将来全球人类建构的世界共同体，应当也是一个在互动之中彼此支持、共谋福祉的大组织。

本书的陈述，从新石器时代开始，结束于帝制皇朝退出历史。这漫长的一万多年，乃是我们这一个复杂文化共同体演变的时间。

许倬云　序于匹兹堡

绪论

在全球化的时代审察自己

自序中提出一个问题："我们究竟是什么人？"这个问题，确实有待思量。我们对于自己是谁，常常视为理所当然。用今天社会学、人类学的名词来说，这是一个认同和归属的问题。归属的圈子，并不一定是国界，因为国界经常会变动。也并不一定是族群的理念，因为族群本身毕竟是按照基因区分的，属于生物学上的判断，而且每一代都可能有外来的血统进入这一个群体，究竟我们是按照哪一种标准来传承：父系？母系？

或者按照语言、文化学上的理念来区分？或者根据文化本身的定义，按照我们的生活方式、共同持有的价值观念等，作为定义的标尺？而上面这几个参照标准，从语言到价值观念各项，也经常在变动。人群与人群之间会互相学习，饮食习惯、生活方式和信仰，包括交谈的工具（语言、文字），两代人之间都未必一样，何况长期的演变更极有可能使得这些因素累积、转变，最终发展出完全不同的一套文化体系。

由此可见，上述大问题，并非一言两语可解决。这本书就是为了思考这个问题，描绘出一些关于“我们自己何所归属”这个问题的发展过程。从系统论的观念来看，每一个复杂的系统，其内部各种变量之间不断地互动，互动之后能够得到一个总体相。然而，时间永远在前进，没有任何总体相可以长久不变。任何复杂系统，也都不断地扩大或缩小其涵盖的范围——在某一个时期，在界外的部分忽然进入界内；同样的，本来在界内的部分，可以忽然被排除在界外。中国古代的名学，有“飞鸟无影”“轮不辗地”等观念，意指飞鸟和车轮都是具象的观念，然而，它们留下的痕迹却是不可能被定格的。因此，本书提出我们自己所属的系统，我宁可从过程方面着眼，讨论其变化，而不从“定格”着眼，咬定某一个时期的体相作为归属所在。

任何复杂的系统，无论是宇宙或花朵，是世界或沙粒，都包含不同的部分，其间又不断因为各自力量的强弱而发生对抗、分合等“函数关系”。在一个大的人群体系之中，我打算以文化理念、政治权力、社会力量和经济制度为研究视角，以这四个方面作为考察的基本变量。中国历史观念中的朝代，毋宁代表的是政治权威；可是，任何政治权威都无法独立运作，政权必须倚仗经济、社会和文化理念三个方向的维系，才能具体地将这一个政权统治之下的人群结合为一个共同体。

共同体也不是旦夕可以形成的。以雨滴或雪片比喻，水分子必须要有一个可以结合的核心，才能扩大成一个大水滴，其重量才足以降落成雨滴。大而言之，我们所属的太阳系，也必须有一个太阳作为核心，这一串行星才能构成一个星系。因此，在上述变动的过程之中，我们必须要从“成核”开始。

在本书中，我们从大概一万年前开始讨论。那时候，东亚地区进入新石器时代，人类群体有比较固定的居住点，这个共同体内，开始出现若干文化圈，我们可以将其视为形成中国复杂系统的“颗粒”或“粒子”。考古学上，结合各个新石器时代的地区文化，以及文献传留的传说，二者互相印证以界定这些“粒子”，然后才讨论到由此发展出的分合、演化，以及最后形成的一些较大的地方文化。凡此分合、迎拒的过程，在传说部分，呈现为拟亲属的文化群传承谱系。接下来我会再谈到，为何在今天的黄河流域中游会出现一个核心，以及夏商周的连续融合如何将四周的地方文化吸纳于内。接下去，春秋、战国时期两阶段的演化，将这一核心推展到黄、淮、江、汉，形成中国文化共同体坚实的“核心”，堪称其本部。

秦汉时代，一个庞大的共同体网络终于形成。这一“天下”格局，以其开放性不断吸收与消化外来的影响。这一共同体，从此长期屹立于东亚。在共同体之内，文化、政治、社会与经济四环互相制衡，具有自我调节的功效。东汉以后，大批外族进入中国，同时中国的主流族群转移于南方。这一调整过程经过上百年，吸收了南、北两方面的新成分，开启第二次具有“天下”格局的隋唐时代。在这一时期，亚洲中部和西部出现强大的游牧文化圈，以及由此孕育的伊斯兰文化。位居东亚主流的中国复杂体系，面对西、北两方压力，收缩到这一共同体的本部。宋代中国虽然仍以“天下”自居，其实已经缩小为列国体制中的一个国家。

辽、金、元与最后的清朝，几度出现的征服王朝，对中国人的心态产生严重影响。自从秦汉时代以来，中国基本上是编户齐民的社会，没有永久的阶级。征服王朝的主奴区别，改变了统治权力的性质，集权专制的皇权抹杀了儒家人本思想对皇权的约束，也淡化了社会 / 文化精英的影响力。明代夹在蒙古和满族之间，虽是汉人王朝，但其皇权的专制集权，却与那些征服皇朝的君权并无二致。因此，中国经历了四五个世纪的集权统治，相当程度地丧失了过去政治 / 社会 / 文化三环互相制衡的结构。以上各阶段的变化，将在相关各章分别陈述；也将在后论中，阐述共同体内各部分之间的分、合、消、长。

我不拿族群作为“唯一变数”来考量，因为族群本身是个人的综合体。由于新陈代谢、个别成员的生死，群体内容不断变化；个人是会移动的，个人成群移动，无论移出迁入，都不断引发族群的内涵及主客间关系的变动。如果按照族群某一时空的情形界定该族群，这个复杂的族群系统将很难被观察。因此，讨论认同与归属，不能仅从族群下手。

以目前在体质人类学上的认识，尤其在基因知识应用于人类学的分类后，我们比较清楚地认识到，所谓现代人类，其实是同一个祖先在非洲演化后分散到各处的变种。固然，这些现代人类的祖先，在旧大陆又会与各地本土的一些人类近亲融合，成为各地的支属，但现代人类终究还是同源。

近半世纪来，生物学上基因的研究，将生物的分类建立在遗传的基因上。于是，人类的群分族别也就跟着基因研究找出新的线索。目前最引人注意的发现，则是所谓非洲起源的现代人类论。根据这个说法，人类和其远亲在非洲逐渐演化，成为许多不同的灵长类。其中，人类这一支，经过了“直立原人”（homo erectus）、“用手的人”（homo habilis），终于演化为“智人”或“用脑的人”（homo sapiens，李济先生借用荀子语，称之为“有辨的荷谟”）。这些从体质人类学发展而来的分类法命名，到今天还是沿用大家最常使用的名词。可是，新的发现愈来愈多，有很多新的人类种属，实际上跨在演化线的交界点，很难肯定是属于哪一个阶段。

“非洲起源论”根据基因的传承，建立了一套年代学，指出大概从二十万年前开始，在东非洲的原始人类分批离开非洲，分散各处，成为今天我们人类的共同祖先。有些基因学者，甚至找到了“第一个亚当”“第一个夏娃”。他们进入亚洲的时间，大约在距今五六万年前。这一个很有意思的理论，最近却发现存在许多问题。例如，“现代人类”分散各处时，

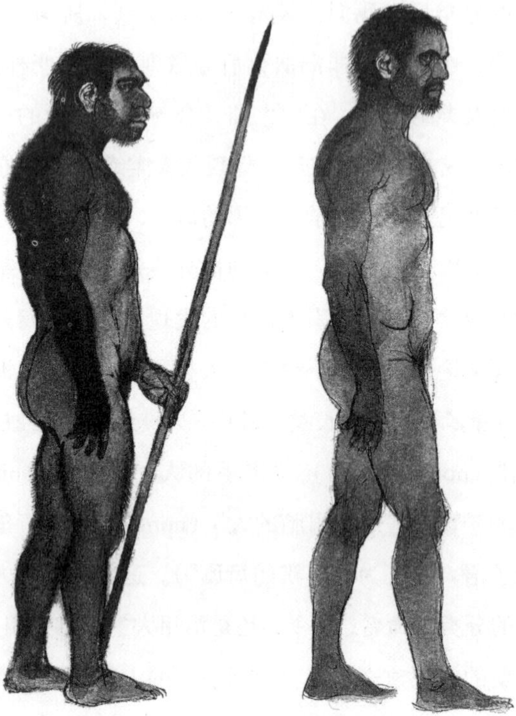

左边为尼安德特人，右边为克鲁马努人，后者属于解剖学上的现代人类。可以看出，尼安德特人更加结实，四肢短而强壮（Christopher Stringer, Clive Gamble, *In Search of the Neanderthals*，1994，23）

他们如何取代了那些原来在各地的其他人类种属？最初，有人针对这个问题提出：在欧洲的尼安德特人（Neanderthals）[1]已经相当进化，而且也有相当复杂的社会生活和文化，“现代人类”来到时，他们到哪里去了？

过去的观点认为，尼安德特人是被“现代人类”取代了；现在才知道，尼安德特人的基因也一样进入了现代欧洲人类的体内。假如这两个族群是可以交媾而传子孙，在生物学上，这两个种族应当是同样的，也就是说，所谓“现代人类”与“非现代人类”之间的界线，其实并不存在。

这一类的证据愈来愈多。最近，在西班牙发现的一些古代的人类遗骸，其基因中包括了在欧亚交界处发现的丹尼索瓦（Denisovans）人类[2]，另一种古代的人类种属。这一批人类，其分布的地区，过去以为最可能扩展到亚洲大陆的东北边；现在从西班牙的遗骸中，却也发现了他们的基因。那么，这一种亚洲古人类可能分布的范围，远在亚洲以外。

在中国云南蒙自的马鹿洞和广西隆林的一个洞穴，分别找到了距今一万四千多年和一万一千多年左右的古人类遗骸。他们既不是尼安德特人，也不是丹尼索瓦人；这两群中国西南部的古人类，彼此之间又不相同。我们还应注意，在

1　尼安德特人，已灭绝的古人类，因 1856 年在德国尼安德河谷发现其化石而得名，主要活动于欧洲和亚洲西部。

2　丹尼索瓦人，已灭绝的古人类，与尼安德特人有亲缘关系，因 2008 年在西伯利亚南部阿尔泰山丹尼索瓦洞发现其化石而得名，可能距今约三万年，生活在亚洲大陆上。

周口店上层的“上洞老人”[1]，离现在也约三万年——过去我们总以为，他们就是周口店直立原人的后代。现在我们无法肯定，他们之间究竟是什么样的关系。至少有一些中国学者还是坚持，周口店直立原人身上的一些体质特征，在今天东亚人类身上还是存在，例如箕形门齿。2012 年，周口店“田园洞人”[2]的基因研究显示，这一群三四万年前的人类，具有今日亚洲人类的特点，而与欧洲人类的基因有所分别。从这些信息来看，各处在“现代人类”到达前已经存在的人类并没有完全消失；“现代人类”却在各地演化的古人类身上吸收了各地的基因。

目前，根据“现代人类非洲起源论”的假设，这些古代人类约二十万年前在非洲出现，五六万年前进入亚洲。他们进入的途径，分别来自各方：有一批从南方经过印度洋，循南路进入太平洋的东亚海岸；一批穿过今日东南亚进入中国西南，然后又分别北上，再东向扩散；还有一批，则经由中东，进入欧亚大陆——其中有一批西向扩散于欧洲本部，另一批则北上到达内亚地区，分别向东和西扩散于欧亚大陆的北方地带。据最近的研究，欧洲人有少数尼安德特人的基因，亚洲人有少数丹尼索瓦人的基因——后者留在中国“汉人”血

1　上洞老人，即山顶洞人，中国华北地区旧石器时代晚期的人类化石，属晚期智人，1930 年在北京周口店龙骨山北京人遗址顶部的山顶洞发现，年代距今约三万年。

2　田园洞人，早期亚洲现代人，因 2003 年在北京周口店田园洞洞穴中发现而得名，年代距今约四万两千年至三万八千五百年。

统的基因比例不到 0.2%。以上论述，只是根据目前基因遗传理论，认识古代人类扩散于中国地区的一种说法。凡此人类演化的讨论，其实未必能帮助我们解释后世中国地区人类的分类归属。

人类在各地的分散演化，不仅是在体质方面，更显著的应当在于他们为了适应各地的自然环境而发展出来的文化特色。这些特色，构成了另外一种认同和归属的条件。在古代，地广人稀，一处人群与其四周邻居距离遥远；于是，每一个地区的古人类社群，不仅具有体质上的特色，而且在生活习惯上也自成格局，与邻近的族群不一样。族群与族群之间，逐渐因为人口的扩散或者天然条件改变所引发的迁移，终于发生接触，从而在血统上形成多元性，在文化上也因交流而构成更复杂、更丰富的内涵。

2009 年 12 月，《美国人类遗传学杂志》（*The American Journal of Human Genetics*）上发表了一篇新加坡学者关于汉人基因的研究论文。他们在八千多个来自中国十个省份的华人身上获取基因，进行分析，发现这八千多人的基因成分有高度的共同性，有 87% 左右是一致的。这篇报告也指出，基因差异性的转换，从北到南有一定的差序，从西到东并没有特殊可见的差异。他们将华人的基因成分与日本人的基因成分对比，发现华人的一致性远比日本人高。

这篇报告有其缺失：这十个省份，都是中国所谓内地的本土地区，南方省份只有广东一处；尤其地处西南的云、贵、桂等处，他们都没有采集样本；地处西北的甘、新、青、藏各省区以及东北各处，也没有被列入采样范围。从中国历史上来看，人类的迁徙和融合在这些地方最为频繁。这些地区的复杂性和多样性，应当在基因之中有明白的显示。也许正因为这篇报告是指明了“汉人”的成分，研究者才特意地挑选内地省份？

不过，这篇报告的发现还是相当程度地符合中国历史文献所记载的人类迁徙和混合现象。例如，每次北方高原地区气候变化，当地的牧民便大举南下侵入中原，然后落地生根，他们的基因也就进入中国人的总基因库内。相应地，犹如后浪推前浪，本来在中原一带的居民，由于北方的战乱，一批又一批地向南迁移，于是，南方各地的基因成分也被改变。中国的地形，在同纬度天然条件下从西到东的差异，不如从北到南之间那样显著。北方牧民进入中原，又往往牵涉战争与征服——由于不同族群经过迁徙，基因不断融合，形成新的基因库，关于这些问题，我们将在本书后面各章陆续陈述。

在今天东亚的中国地区，长久以来并没有形成西方“民族国家”的观念。也就是说，政治共同体是一个天下性的大结构，在这个“天下”的下层，才有各种其他的区块。这个区块在进入中华圈以前甚至进入中华圈以后，可能都是以自己的文化作为归属。在中华大圈子之内，所谓“百姓”，这“姓”字其实就相当于英文中的“nation”，而不是今天的“surname”。这种基本观念上的差异，使中国人在讨论民族意识时常常有和西文用法不太一致的地方。这是我们这本小书讨论中华民族问题时必须理解的一个大前提。

在下面各章，我们将从新石器时代各个地方文化之间的接触、交流、冲突与融合，讨论到文化的扩散和重组，间接也可以反映人类可能因应文化的开展而发生的各种迁徙与混合。然后，我们会在历史时代找出几个关键的时期，针对这些时期的战争与贸易及因此引发的人群迁移和融合，讨论到各地族群之间的混合，以及一些孤立的“口袋地区”所呈现的地方特色。前面我们提到复杂体系的“成核”过程，也意指此处各种移动与混合。

整体言之，中国五六千年的内外变化，犹如各种不同的豆类被倒在一个锅内，不断地搅和成腊八粥；假如把它们磨成浆，则出现的将是混合的豆浆。这种混合，可能就是新加坡学者报告指陈的现代中国人基因呈现的高度一致性。长期混合的结果，不同于选择刻意保存某种基因的“纯种”。我们必须理解：天下没有真正的“纯种”，跑马场上的纯种马，都是特意保留的单纯基因组合，有其一定的长处，但是也有更多遗传的弱点。人类将来走的道路，也是在不断地交流与融合之后，逐渐构成一个共同的人类种属，其中，个别的人会呈现不同的外表，而他们的基因却是上述“豆浆型”的混合，那才是所谓的“现代人类”。

本书的章节也会讨论到“汉人”或是“汉族”这些字眼发生和演变的过程，以及后来例如“秦人”“唐人”“明人”

等类似名称，为何都不像“汉人”这个词有如此长期的生命力。这一串名称，如众所知，乃是从皇朝的名称延伸而来。这些名词并不是根据血统或者基因的不同而产生的，而应当是与文化认同关系密切的社会结构及国家性质有关。在下面有关的各章，我们会谈到，为什么“秦人”在西方文字里会成为“China”，而在中国的历史里，“汉代”这一皇朝称谓则存在得更持久，代替了“秦人”成为中国的另一名称，甚至于后世的唐、明皇朝竟都不能取代“汉人”。

最后，我们也必须要严肃地面对下述问题：为什么过去“中国”有如此强大的吸引力，能将许多外围的文化吸入华夏圈内？从另外一方面看，华夏圈又如何保持足够的弹性，吸纳外围的文化与族群？今日，我们要考察的课题正是，为什么到了近代，中国丧失了过去的弹性和可塑性，以至于到今天，我们不得不认真地审视本书的主题：中华、华夏和汉人？

世界在改变，中国也在改变。在这几千年来世界第一次走向全球化的时代，我们审察自己的归属和认同，也审察族群归属和认同的原则，这应是非常严肃的课题。庶几我们不被狭窄而偏激的族群狂傲挟持，迷失了自己往前走的方向。中国人能如此自我审察，对世界是有益处的；邻近的其他国家，在中国的自我审察过程中，不能责备中国，认为中国是以民族情绪威胁他们；中国也因为对自己有所了解，不至于产生大国沙文主义，也会因此消减四周邻居的敌意。

第一章

新石器时代族群的分合

大约距离现在七八千年前，在广大的中国地区，已经有很多“现代人类”的后代分散在各处。他们从旧石器时代简单的采集渔猎生活，进入到生产食物的阶段。

在南方，今天湖南、江西地区，那时候湖泊非常密集，几乎类似内海。在湖边沼泽地带，东方的人类第一次耕作水稻。从九千年前开始，大概经过一两千年，水稻耕作的技术已经扩散到更为广大的地区。南边沿海浙江的河姆渡文化，有村落、水井、船只，他们已经充分知道怎样利用水资源作为维生之用。在北面，种植稻米的文化也扩散到汉水流域，甚至于汉水上游的汉中也已经有水稻耕作。在中国长江下游一带，今天所谓长江三角洲地区，逐渐发展了以湖熟文化为典型的许多水稻种植的村落。

在中国的东北地区，考古学家根据中国家牛的骨骼化石重建了东亚黄牛的谱系，他们的研究显示：离现在一万年前左右，黄牛第一次被驯养为家畜。这一份数据指出，除了耕种，牧养文化也出现了。牧养动物可以作为食物，食物来源从采集渔猎转变为人类自己可以控制的食物生产。才经过两千年左右的时间，牛羊就已经普遍成为中国北方的常用食物。

也是七八千年前左右，在太行山东边延伸到渤海冲积平原的山坡地，人类发展了粟（小米）种植。很快，它就扩散到四处，在中纬度的中国北方，耕作小米成为最普遍的农业活动。日后，小米的种植还远传到日本和东部沿海岛屿。今天台湾山地的原居民，由于他们的地理条件不宜于种植水稻，也曾经以耕作小米为主要的生产方式。

这三种生产方式构成了三种形态的文化。水稻的生产必须要有可靠的水源，又必须能避免水灾。于是，村落的形态便是：有的建筑或者建在离水面比较高的平地上，或者是在平地上挖掘水塘与水沟等灌溉系统。村落的自卫设施也常常是一层层的沟渠，以此来保护村落的安全。小米耕作的地方，同样不能离水太远，可是也不能离水太近。于是，生产小米的地区内的村落，以建筑在河流的二道塬上最为常见。养牛羊必须在水草丰美之处，并且有树林作为牛羊过冬之处。这一类的村落，大概在向阳的山坡或者山谷最为常见。

各种不同的地形与各种不同的生产方式，形成发展各种不同地方文化的条件。同一类生产形态，决定了这一人群的

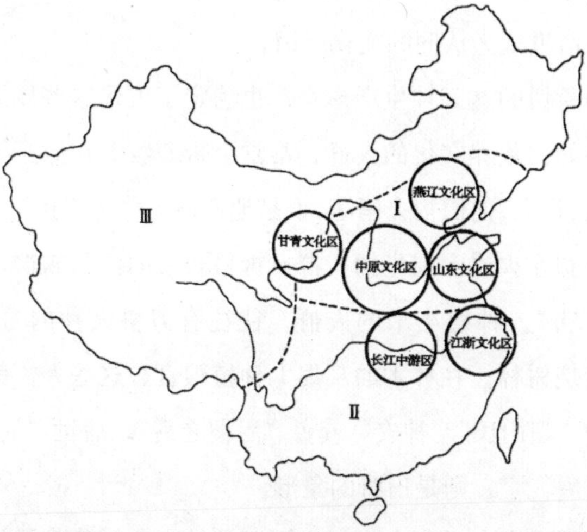

中国新石器文化的分区

Ⅰ旱地农业经济文化区　　Ⅱ稻作农业经济文化区　　Ⅲ狩猎采集经济文化区

新石器时代文化分区示意图（引自袁行霈、严文明等主编《中华文明史》第一卷，2006年，第56页）

基本文化面貌。共享同类文化的人类，就会发展出一定的归属感。于是，人类族群的分野，往往并不是以血统为基本要素，而是以生活方式为认同的文化基因。

上面所说的这三种生产形态，也确定了古代这些族属的分类。例如，牧养文化的人群，常常会带着牧犬在原野上照顾牛羊，在晚上，他们构火围居，于是他们被人称为“狄”——就是带着狗在火边上围坐的人群。携带长弓的渔猎族群，就被称为“夷”。种植小米的人群，往往有刀耕火种的习惯，也就是焚烧树林，在林木的灰烬上种植粮食。这些人，就可能被称为“烈山氏”“神农”或者“后稷之后”。后世“周人”的这个“周”字，则是田野的象形。

在离现在六七千年左右，中国各处的农业村落都已经有相当规模，星罗棋布地分散在各处。他们往往也结集成更大的共同体，有保护聚落的城墙，有统治阶层居住的大屋，也有生产上的分工。当然，因为社会分化，也出现贵贱有别的现象。农业生产所累积的粮食已经超过日常需要。有些考古遗址出土了存储的粮食。新石器时代已经有酒，作为宗教和礼仪仪式上的饮料和供品。陕西华县泉护村出土了一些猫的骨骼，考古学家根据这些猫的骨骼，发现它们已经是人类为了防止鼠类而培育的家猫，而且作为家猫食物的鼠类是以偷食仓储小米为生的。

具有相当规模的生活共同体，拥有足够的资源和能力发展出一些仪式性和宗教性的事物。在东北辽河地区的红山文化，就有大型的酋长墓葬和祭坛，也有女神庙来供奉以母亲形象出现的女神。红山文化拥有雕刻极为精美的玉器，玉材取自远方，雕凿工作需要大量的专业人才。那些祭坛和墓葬里，有很大的陶罐和来自他方的石材。这些现象都说明了红山文化居民拥有复杂的政治组织，也能够耗费不少的人力和物力以维持这一个统治阶层和精英阶层的存在。

在南方浙江的良渚文化，有许多人造的土山。山上有祭坛，山边有统治阶层的墓葬。良渚的玉器，绝大部分是宗教性的玉琮——切割大块的玉石，将其加工成外方内圆的筒状物，这不是简单的工作；玉琮上往往又雕刻有花纹，花纹的细致程度接近今天的微雕。良渚文化的遗址，既有极大规模的宫殿地基，也有规模巨大的祭坛。和红山文化一样，这些事物也要消耗巨大的人力和物力才能完成。

东海岸的山东半岛，在离现在五六千年左右，也出现了内涵非常丰富的大汶口文化。这个文化的特征是，村落规模庞大，墓葬内容丰富，出土的陶器，除了一般的家用器，还有以高火候焙烧的黑陶，陶片极为精致，薄如蛋壳——单单就这种陶器的制作技术而论，大汶口文化的工艺远超过了新石器一般的水平。大汶口文化中，还出现了若干刻在陶器上的文字，它们已经不是符号，而是具有一定意义的文字了。

在汉水流域和长江中游之间，有一支以种植水稻为主的古代文化，也具有同样的规模和水平。以石家河文化为例，它有一个似乎是中心城市的遗址，占地广大，有城墙围绕，

庙底沟遗址玫瑰花卉图案彩陶盆（河南庙底沟出土，现藏中国国家博物馆）

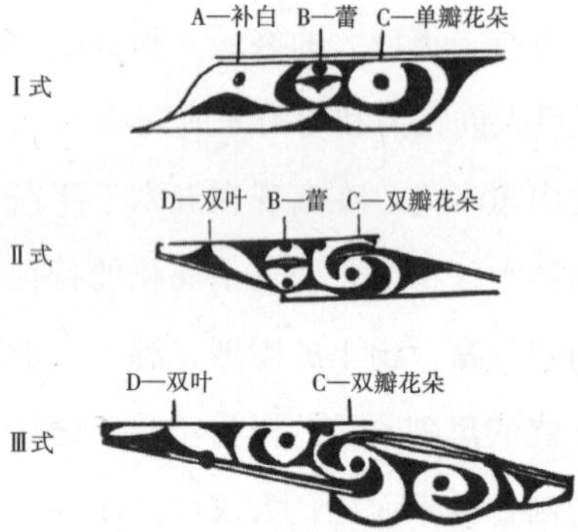

仰韶文化庙底沟类型玫瑰花图案彩陶（摹本引自苏秉琦《中国文明起源新探》，2009 年，第 21 页）

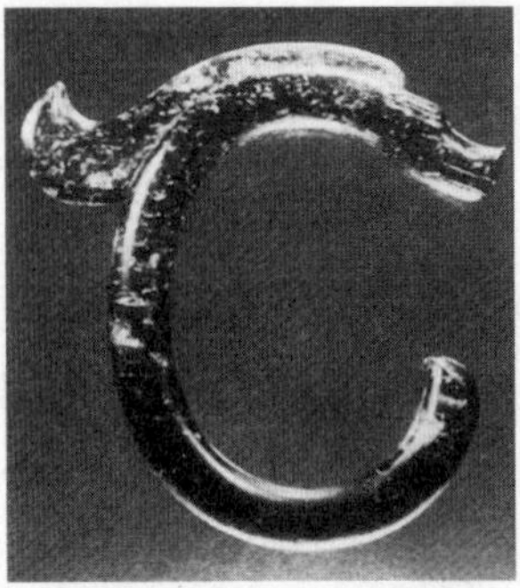

红山文化玉龙（内蒙古三星塔拉遗址出土，现藏中国国家博物馆）

反山遗址 12 号墓出土的玉琮，被誉为“琮王”，现藏浙江省博物馆

而在其附近有十个左右的卫星聚落。石家河文化的玉器，雕刻细致，形象传神，其制作水平不亚于良渚和红山文化的玉件。湖广平原上的稻米种植遗址，至少有一处是礼仪性的祭田，它显然不是仅为日常生活而种植。最近发现的湖南澧县城头山遗址，与石家河相同，都有相当规模的城、稻米种植遗址、祭祀遗迹等，而且其年代较早，在六千年前，更可说明江汉地区的文化传统。

回顾绪论所说，“现代人类”离开非洲以后，在五六万年前分批进入欧亚大陆。那些进入中国地区的人群，有一批是沿着太平洋海岸北上；另一批则是沿着东南亚和印度洋交界处，北上之后，有一部分折向西方，有一部分折向东方；而从中亚进入北方的人群，也有一部分在高纬度的高原上，往东分布。这些人群陆续到达，又在不同的时间扩散到各处。他们的祖先虽然都来自非洲，但是在东亚地区的陆地上，他们经过几万年的迁移，为了适应当地的天然条件，分别有各自的演化过程。从大处说，他们都是“现代人”的支派。然而，也不能排除，那些来自非洲的“现代人”可能在不同的地方、不同的时间和原居的人类通婚——例如，丹尼索瓦人的基因就因此进入了所谓“东亚现代人”的血液中。

细分而言，应当有沿海的族群、北方高原和大平原上的族群，以及中部湖泊河流地区的族群，他们各自有其血统传承的特色。在新石器时代，人类发展了生产食物的方法。这些人类的不同族群所创造的独特文化，也决定了各处人群的文化传承甚至血统的变化。

前面所说的新石器文化前期几个大的文化共同体，发展到巅峰时，不仅具有广大的领域，还有高度发展的文明，它们必然在自己的地区对周围邻居产生一定的吸引力，甚至控制力。于是，这个大的文化体就会形成一个新的族群归属和认同感，将一个地区的人类集合为某种特定的民族。这种发展过程，会抹去原来不同族群间的各处差异，而使他们自认为同类。同样的，本来是同一族群的分支，在面对强大文化圈的引力和压力下，那些原来是同族的群体却分别被吸入不同的文化圈内。这种分分合合的现象，在人类历史上不断地出现，它对构成族群界分的作用，其实比生理基因更为显著。

离现在四五千年，东亚地区甚至整个北半球，都经历了长期的干寒，仔细地划分，又可以划出三个寒冷的巅峰。在这几个时期内，水分减少，植被完全改变，温带植物的生长线南移。从今天内蒙古河套地区的朱开沟文化，到最近陕北神木发现的石峁文化，都反映了北方草原民族南移，草原边缘上的农耕民族筑城自卫。有些靠近北方高原的农耕文化，在这一个时期则转变为牧养文化。面对这一些变化，所受冲击最大的地方是今天内蒙古和甘、陕、晋、冀一带。沿着这条线，新石器时代的农业文化居民，经历了剧烈的生态变化和相应的族群冲突。

中国历史上的一些传说也许可以理解为浓缩的集体记忆。例如，所谓五帝时代的族群斗争，是中国古代传说的重

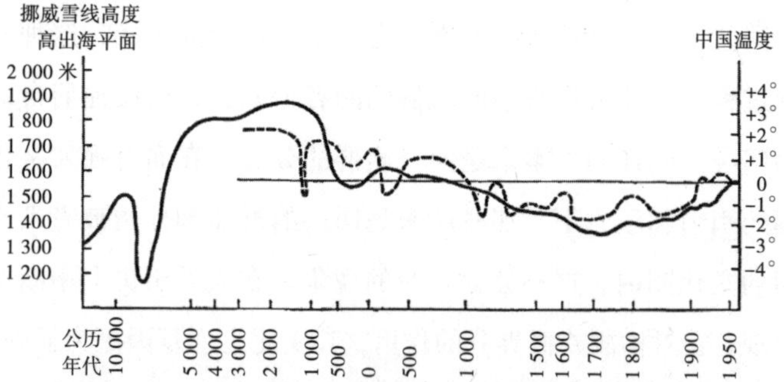

一万年来挪威雪线高度（实线）与五千年来中国温度（虚线）变迁图

中国五千年的温度变化（引自竺可桢《中国近五千年来气候变迁的初步研究》,《考古学报》1972 年第 1 期，第 36 页）

要事件。“五帝”包括炎帝、黄帝、太昊、少昊和颛顼。我们必须注意到，除了黄帝，这些族群都是在渤海冲积平原周围：炎帝族是农业民族，即所谓“神农”；颛顼一族是制定农耕历法的族群，太昊、少昊都是以鸟类作为图腾的太阳神崇拜者。这些族群，其实就是新石器时代那些发展粟作农业的农人，与在靠近东海岸的地区里牧养和农耕兼具的生产者。作为胜利者的黄帝族群，它的特征则是“以师兵为营卫”，显然是一个战斗的族群。黄帝经过激烈的战争，取得了这个地区的主导权，开始了一个所谓五帝的世代。后世中国人都自以为是黄帝的后人。然而，对太昊、少昊、颛顼的记忆，晚到春秋时代，都还存留在河北、山东地方的集体记忆中。那一位与黄帝斗争最激烈的蚩尤，在传说中一直是个负面人物，可是在汉代山东地区的传说中，蚩尤还是一个“兵主”，即战神。

相应于寒冷时代的来临，距今大约四千年时，出现了中国历史上第一个世袭的朝代——夏后氏的夏代。夏后氏的领袖，可能是许多地方政权的盟主。夏禹的霸权，是召集各地的君王聚会，以建立一个超越地方政权的秩序。那时，前面所说的红山、大汶口、良渚几个文化都忽然衰退：红山文化让位给东北地区的一些区域文化；大汶口文化的巨大村落人口忽然减少，出土的文物相对于黑陶的精致都比较粗糙；良渚文化高大的人工土山，退化为江南土墩墓旁边的土墩，那些精美的玉器也都不见了。在这一段时期，大汶口文化曾经南下，和良渚文化在今天的苏南地区发生过进退、代替的关系。松江的广富林遗址就是这两个文化相接的交点。在东方海岸，本来辉煌的文化有如此巨大的退化，似乎就是因为气候：海岸线改变致使生产力减低，不能继续维持统治阶层的权力和精英阶层的文化水平。

另外，在中国东海岸几个强势文化衰退的时候，人口可能会外移。上述大汶口文化南下，与良渚文化在太湖外围发生交集。前者带来的山东地区烧制高温黑陶的经验，可能影响了太湖地区，在德清和无锡出现原始瓷的烧制技术。这在日后会延展为南方釉面名瓷的传统。东周时，吴、越两国横空出世，成为东南大国，其文化渊源，未尝不是起于前述两大新石器文化接触所结下的果实。从福建、广东地区的新石器文化看，遗址的数量增加了，而且文化内容也有相当的改变。也许正是因为良渚、大汶口的衰落，人口陆续南移，促使了后世所谓百越文化的逐渐兴起。距今四千年前的那一次生态环境的变化里，天气寒冷，海水下降，中国东南沿海的岛屿形成较易跨越的“墩石”，有些人群可以涉海外移。今天浙江沿海的岛屿群，就可以为上述良渚文化的一部分人口移往台湾提供通道。台湾的新石器文化，可以上溯到距今三千年。台东卑南遗址的玉刻，其玉材和切割方法都和良渚玉件相近。这一次渡海入台的文化扩散，可能就是在这一波变动之中造成的。最近在福建连江县马祖列岛的亮岛出土了六七千年前的古人遗骸，据基因的检验，有南岛语系[1]人类的成分。那些岛屿人群从台湾再陆续往南迁移，于是出现南岛语族群，他们广泛分布于东南亚。因此，台湾原居民的语言是南岛语系的源头。由此可以推知，南岛语系的祖源其实就是包括所谓“百越”在内的东南人群。看来，有可能在中国东海岸的文化发生巨变的时候，有些人南下进入南方岛屿，逐渐形成日后南岛语系的人群。

相对而言，在东方几个古文化败坏的时候，黄河中游的庙底沟文化二期在中原却是一枝独秀，取得了领导地位。夏后氏代表的夏文化，应当就是在这个基础上逐渐发展而成的。这些文化体的起伏，意味着相当数量的人口在迁移。例如，大汶口的人口有相当一部分迁入河南和安徽，加入了中原文化的队伍。凡此变化，无疑是一次族群的大规模混合和重编。

因此，就新石器时代的中国而论，在这一章中，我们至少看见有数次族群的大混合，反映为文化的起伏和兴衰。从这个观点上说，文化对于族群的认同和归属的影响，已如前述，可能不亚于血统本身的因素，甚至过之。

1　南岛语系，由 19 世纪德国语言学家施密特命名，主要由太平洋中各大小岛屿上的语言以及亚洲大陆东南端的中南半岛和印度洋中一些岛屿上的语言组成。

第二章

夏商周：核心的形成

在第一章谈到，红山、大汶口、良渚、石家河，这几个重要的新石器时代文化都在距今四千多年时几乎同时衰落。接续它们的，却是一些不如这些文化的地方文化。

然而，在那个时候，在黄河沿岸却有一个非常稳定的地方文化，不但没有衰落，而且显示出稳定发展的潜力：从今天关中地带的半坡文化开始，此后一直延伸到今天的郑州附近，沿着黄河中游向两岸扩展。究其原因，还得归结于一个重要的转折点，就是二里头文化。这系列的区域文化，都显示出采集和狩猎逐渐减弱，社会稳步走向农业文明的特征。

相对于渤海外围传统中的五帝集团，黄河边上出现的这一个新石器农业文化并没有引人注目的特色：没有红山文化的玉器，没有大汶口文化精致的陶器，也没有巨大的公共建筑和墓葬。这些黄河边上的农人，老老实实地耕种土地，取得足够维生的资源；他们聚族而居，发展为一连串的村落。在沿海区域文化衰落的时候，稳定的黄河地带却是一枝独秀。

从衰落地区外移的人口中，有不少迁徙到了黄河与长江边上，即今天的河南、安徽、湖北等处。例如，“祝融八姓”[1]是一个崇拜高天的族群，与渤海周边的五帝系统有相当大的关系。在这一时期，他们迁移到豫、皖一带，其中的芈姓更南下进入汉水流域，结合原来石家河文化故地的“群蛮”，成为后世楚国的前身。

这个黄河边上的地带在地理学上被称为黄土台塬，累积了千万年来由黄河搬运过来的黄土，土壤深度从数百尺到数十尺不等。但是由于黄土细如粉末，堆积的黄土中有许多细孔，犹如毛细管，可以将地下深处的水分不断吸引到接近地表处，以支撑植物的成长。于是，虽然一样是受到气候寒暖的影响，但黄土高原上的农作物不会真正缺水。在后世，黄河泛滥或干枯都会造成灾害，因为人力糟蹋自然环境，毁坏了保持水土的植被。那时，黄土台塬虽然也要承受季节性泛滥，然而黄土本身犹如海绵，很快就能将过多的水分储蓄在土层下面，不至于造成严重的灾害。在这种天然条件下，人付出一份劳力，就会有一份收获。这一系列的文化，并没有

1 祝融为上古神话人物，被后世尊为火神，其后人为己、董、彭、秃、妘、曹、斟、芈八姓。

将它的资源浪费在耗时费工的玉件和精美陶器的制作上，也没有劳役大批的人力来建筑土山和大型墓葬；他们的资源只是不断地循环使用，以保持稳定的成长。

当渤海外围的许多族群，包括炎黄系统的农耕者和太昊、少昊、颛顼那些崇拜高天的族群，也因为渤海冲积平原气候转变而发生人口外移时，他们首先遭遇到的，就是黄河中游这一大群农人。各处移入的族群带来老家原居地的文化因素，丰富了新居地区的文化内容。于是，在黄河中游的文化，可以找到东、南两面文化的成分，它们都融入“中原”。

在尧、舜、禹的传说时代，也就是所谓禅让的时代，正是那些大型文化衰败的时候，族群的霸权从渤海周围转移到黄河三角洲的顶端。据说尧和舜的活动地点就在今天的山西、河南的角落上；而禹所代表的夏代，到今天还留下一个地名——“夏县”。现代考古学刚刚开始时，徐旭生先生为了追寻夏代的所在，也不断地在豫、晋东面交接处大范围地寻找。在偃师二里头文化遗址的发掘中，考古学家发现这是一个属于复杂共同体的都城，城址很大，出土的文物数量众多，而且内容复杂，包括冶铸青铜的遗存和相当数量的小麦残迹。2013 年中国考古重大发现之中，有距今约四千年的甘肃张掖西城驿遗址，它出土了冶铸青铜的炼渣、尚待加工的玉材和不少麦类遗存。考古学家认为，那时的河西走廊已经是东西贸易和文化交流的孔道。这一发现显示，二里头文化已经吸收了中亚、西亚的文化成分，引进两河古代文化培植的麦类，增加了粮食供应的多样性；尤为重要的是，二里头文化还掌握青铜的冶铸技术，这必定提升了这一文化的经济和军事实力。

考古学家认为，偃师二里头遗址所在就是夏代的首都。从黄河三角洲的顶端一直到关中，包括山西运城的平原，这一个族群共同体占有的地方不小。这一个地区，就是后世所谓的“中原”。从夏代开始到商、周，这三个复杂共同体的连续发展都以这个地区作为基地。这是中国历史上第一个核心地带——从“中原”这两个字就可以意识到，从那时以后，这一片平原就是中国的中心。

尧、舜、禹的“禅让”，自古有两种说法：一种是正统的历史观，认为前一个君主选贤自代，政权被和平地转移；另外一个说法，则是《竹书纪年》[1]所记载的，这三个君主之间的转让并不是如此和平——舜曾经放逐尧，禹也曾经放逐舜，而禹的儿子启，则是以武力取代了据说本来被禹选作接班人的益。这两个说法都显示：一个大的共同体的领袖权力还并不太稳定——表面上是“禅让”，实际上还是以实力决定谁做领袖。从这三个“圣王”各自有自己的族群渊源来看，这个大型共同体大概是一个部落联盟。中原的部落联合起来，其力量会超过渤海周边的那些群体。所以，中原的领袖可以

1 《竹书纪年》，春秋战国时期的一部编年体通史，记载从传说时代的五帝到战国魏之间的重要历史事件，西晋时在汲郡（今河南卫辉市西南）被盗墓者“不准”发现，官方整理成书，约在宋时散佚。现有古本与今本之分，古本为清代学者朱右曾搜集而成，今本为明代嘉靖以后出现。

号召别处的族群领袖，以会盟的方式号令群雄。据说，禹领导会盟，甚至将晚到的部落首长处刑，以彰示自己的威权。

禹所建立的夏后氏，也并非持续不断地执掌霸权，中间也曾经被后羿取代，要等到少康中兴，夏后氏的霸权才稳固下来。根据传统的年历，夏后氏曾经享祚将近二百年。即使中间有过中断，这个霸权的延续也足够建立一个相当稳定的权力中心——这就是核心地区出现的第一阶段。

在古代气候寒冷期的最后一个阶段，也就是距今约三千七百年的时代，商人代替了夏后氏，建立了中国第一个王国。商人的老家应当是在渤海地区，他们大概也是崇拜高天，而且有玄鸟生商的传说，自认为是五帝系统的后代。在不同的传说中，例如《易经》和《楚辞·天问》，都曾经提起过，商代祖先在渤海冲积平原上曾与放牧为生的有易氏有过密切的来往。商人的崛起，是不是也缘于渤海平原受到天气寒冷的影响，他们不得不向中原扩张？

关于商代的前半段历史，我们也只能从传说和考古材料中获得一点模糊的知识：知道他们已经进入了青铜时代，而且拥有战车和马匹；当然更重要的是，他们有相当复杂的组织，足以统治广大的地区。在商代的后半段，他们的首都已经搬到今天的安阳。因为殷墟[1]的考古工作，我们掌握了相当

1　殷墟，商朝晚期都城遗址，位于今河南省安阳市，年代约从公元前 14 世纪末至前 11 世纪中叶。殷墟的考古工作从 1928 年开始，至今仍旧持续。

二里头出土的海贝，主要在贵族墓葬中用作随葬品，这类海贝在商周时期作为货币被大量使用

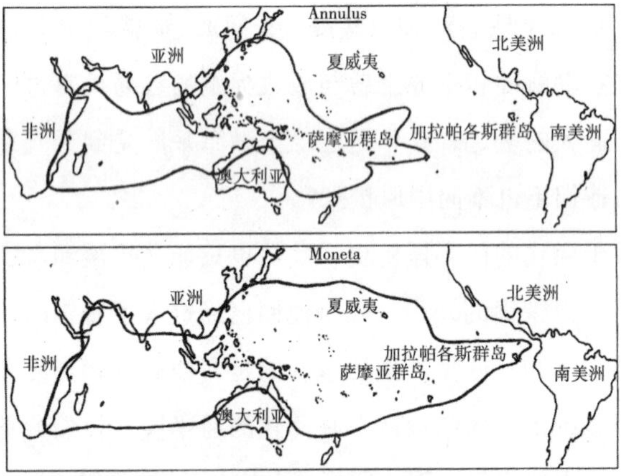

两种子安贝（Cypraea annulus 和 Cypraea moneta）的现存分布图。近年研究表明，海贝分布于印度洋和中国南海的热带海域，商代的海贝有可能是经由连接欧亚的北方草原地带而输入中原地区的（转引自张光直《商文明》，2002 年，第 141 页）

清楚的知识，能够重建商王国的情形。

在搬到安阳以前，他们曾经数次迁都。我们不知道他们为什么如此频繁迁都，有人以为是躲避洪水的泛滥，也有人以为是战争的原因。我个人以为，他们迁都的方向是逐渐西移的，也就是说逐渐搬到中原的中段。这样一来，一方面他们可以顾及黄河中下游和淮水流域，另一方面也可以接近陕西的关中，间接联系到西去中亚的通道。在考古发现上，不少地方都有与商代同时而具有商文化特色的据点：北到河北的藁城，南到湖北的盘龙城，都有商人的据点；在东南方面，江西新干大洋洲遗址的文化内涵具有浓厚的商文化特色。这几个遗址，大概代表了商人在各地扩张的力量所及。在西边的关中，商人的力量足够掌握华山之下的通道，由“崇侯”负责据守。后来替代商的西周，也长期受到商文化的影响，甚至于接受了商王的领导地位。

商王国疆域已经超越了黄河中游，代表了后世“中原”观念的范围。商王国并不是直接治理各地。其首都被称为“大邑商”，在首都的外围有许多子姓的王族，即所谓“多子族”，他们拱卫都邑。有的王后自己也率领部下，居住在都城四周的某一处。这种安置，其实和草原上游牧民族——例如蒙古的“斡耳朵”[1]——相当类似。在其四周则有商人的城邑，由

1　斡耳朵，又称斡鲁朵，从突厥语和蒙古语音译过来，意为宫帐或宫殿。斡耳朵是突厥、蒙古、契丹等游牧民族的皇家住所和后宫的管理单位，有直属的军队、民户及州县。

王国的使者负责监督；再外面，则是商人友邦；最外圈，是一些称为“方”的族群国家，例如土方、人方等。

这一个同心圆的布局，在中国历史上成为一个模式，即所谓“内服”“外服”“五服”“九服”等。商代的一些友邦中，有些在远处遥奉商人的号令。董作宾先生根据商人卜辞资料，重建了商王远征人方的事迹：人方地处今天徐、淮一带，商王曾经率领军队在人方巡视，行程中间没有发生战争，商王处处得到招待——这就是以武力确立自己的霸权。至于鬼方，则经常和商人对抗，鬼方可能是在今天的山西境内。商人抵抗鬼方，每次动员武力，常常以五千人为单位，不断增兵，可见战争规模不算小。远在关中的西周，本来也不过是一个奉商人号令的小国，称商人为“大邦”，足见商王国力量的强大。

从殷商后期首都安阳的遗址中，考古学家找到大量文字记载。这些称为“卜辞”的文字，已是字形、语法都很成熟的书写系统。至今，我们还没有在别的中国古代文化遗址中找到更早的复杂书写系统。仅仅这一成就，就使商人拥有管理大型政治共同体的工具，也使商文化具有涵化其他同时代文化的重要资源。后来，西周的力量强大到足够威胁商人。最后，西周集合了商人北面、西面以及西南面的一些部族，形成所谓“三分天下有其二”的局势，终于代替殷商成为当时中国的领主。周人之所以能够接续商人成为中原之主，也是因为他们继承了商人拥有的文化资源。

周人本是居住在陕北、晋西的族群，毗邻河套地区。他们原本务农，但在天气寒冷时期，也曾经依靠牧养为生。后来，他们又沿泾水南迁“周原”——后世称为关中的黄土高原地区。姬姓的周人与西邻姜姓族群密切合作，发展为中原以西的一个盛国。周人事商为“大邑商”，自居商王国的附从。西周经过三代的经营，逐渐发展，才具备了挑战商王国的力量，并终于取得中原的主权。在牧野之战[1]后，周人开始考虑建都的地方，除了“大邑商”的观念，周人又提出另外一个观念，将嵩山称作“天室”，认定中原为“天地之中”——这是“中原”观念的具体落实。

于是，周人把首都放在自己老家关中，而在殷商地区的雒邑建立了成周，作为统治东方的都邑。宗周和成周两都并立，构成了周人政权椭圆形疆域的双中心，彼此相依，互为唇齿。周武王的弟弟周公——当时周邦实质的统治者，就经常带着他的幕僚往返于两地之间。

周人在全国建立了绵密的封建网络，每一个封国不是亲戚就是子弟，而且鼓励周人子弟和外姓通婚，使得所有封君都成为周人的亲属。更重要的是，根据考古发现的宜侯夨簋铭文和《左传》关于分封唐叔于晋的记载，每一个封君前往封地时，必定率领周人的部队和投降的商人部队，加上周人的一些专业工匠和技术人员，共同建国。当地土著居住在城

1　公元前 11 世纪，周武王联军与商朝军队在牧野（今河南省新乡市附近）决战，武王大获全胜，商纣王兵败自焚。

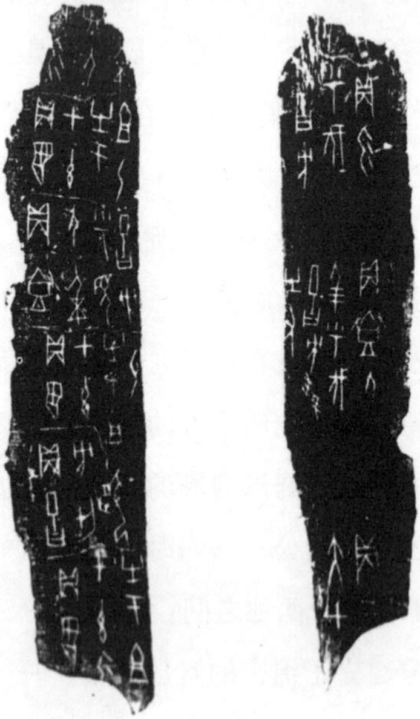

这两片甲骨记载了商人分别发兵五千、三千人去攻打西北的𢀛方（郭沫若等编《甲骨文合集》，1999 年，第 6167、6168 号）

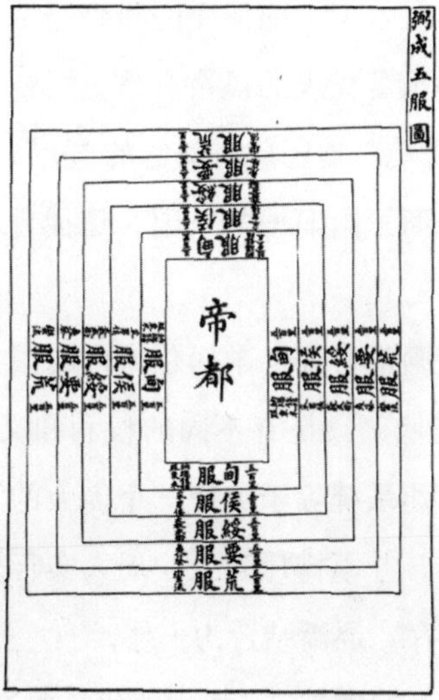

《弼成五服图》[引自孙家鼐、张百熙等纂辑《钦定书经图说》，清光绪三十一年（1905）]。古代王畿外围，由近及远分为甸服、侯服、绥服、要服、荒服，合称五服，这种地理概念体现了当时服务天子的政治意识

外，那些封君带来的族群则居住在城里，虽然人群分成两种类型，两者却设立了共存的机制。例如，统治者的奉祀处称为“王社”，而当地人也有自己的“社”。成王的弱弟唐叔就分封于山西，建立晋国，他接受的指令是：必须尊重当地夏人的文化传统和土著戎人的风俗习惯。周公儿子伯禽分封鲁国,那是奄人的居地。鲁国就有鲁国的“社”,与“奄社”并存。孔子的祖先来自商王国旧地的宋国，迁徙鲁地，所以他就自居于“两社之间”。

周封建的诸国都有都邑，居住城内的国人和城外的野人并没有文化的高低，只是有不同的权利和义务以稍加区别。因此，周人的封建系统等于编织一个庞大的网络，将所有的族群都笼罩在内，并不排斥外人。周人实行外婚制，与外人通婚姻，长期共存，逐渐结合为一体。

周王号令所及的疆域，又大于商代。西边有关中的宗周，王畿之内还有诸侯的封邑，包括同姓与异姓诸侯；另有一些原居族群及陆续从外面渗透进周土的族群。后者颇有自称王号的小国。东方的中原分别分封姬姓和姜姓子弟以建国，在各自的封疆之内，已如前述，为多族群的混合体。

随后，周人又从中原向东扩展，推进到山东半岛，由姜姓首领姜太公（姜尚）建立齐国，负责东进事业。姬姓重臣召公一族，则自此北上，追赶退回渤海故地的商人余部，在今日北京附近建立燕国，负责绥靖北路。沿着太行东麓，又有姬姓的卫、邢诸国，与东都成周四面诸国呼应。沿着黄河两岸，北岸的晋国与南岸的虢国，夹岸拱卫两都之间的通道。

在如此布局中，每一个地处边缘或前哨的封国，无不负有融合异族的任务。晋国奉命安抚夏人和戎族，前已述及。考古发现的燕国遗址，处处显示周文化与当地土著及北方山戎族群的混合。汉水和淮水流域的封国，成串安置在中原的南方前哨。他们分别与当地土著混合，这种不同文化共存的多元性，在考古遗址中也经常有所反映。这些地区里，“祝融八姓”的后裔散据各处。其中最重要的发展，则是芈姓与今日湖北北部的百蛮联合起来，创建楚国，它在日后成为南方的大国，面对中原，楚文化俨然是南方文化的主流。

东方的齐国地大人众，面对沿海一带的古老族群——夷人，既需安抚，又要防范，不是易事。根据《荀子》和其他先秦古籍记载，到了距今约三千年周穆王在位时期，东方的徐偃王居然还能号召二十六“国”，自己称王，挑战周王权威。徐人的这一地区，大约就是前文曾经提过的商代“人方”，那些族群即古代环渤海周围的古文化的后裔。

周人以齐国和王室的力量平服了徐国。徐、舒族群遂逐渐分散，迁移到淮水、长江各地。据费孝通和潘光旦的研究，后世带“余”部的姓氏所分迁之处，有诸如徐、舒、畲甚至涂、酓之名，均可能是那些海滨族群的后代在河南、安徽、江苏、江西、浙江等地留下的。

从夏后氏比较笼统的霸权，经过商人同心圆布局的统治机制，最后到西周的封建网络，这三个阶段的发展促使“中原”

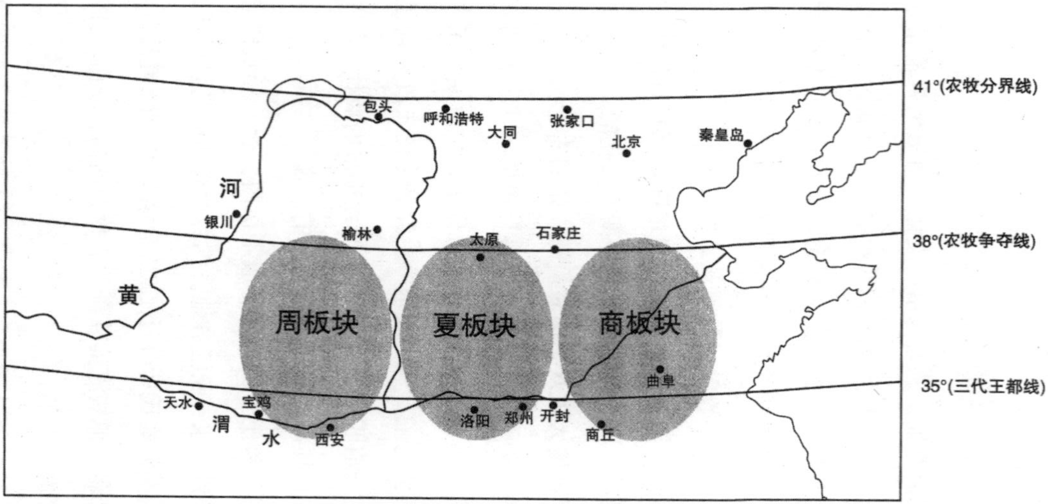

夏商周板块图，钟晓青绘。有学者认为，《诗》《书》等早期文献中，商人、周人的后代都把“夏”理解为“天下”和“王土”，当作“中国文明”的代名词，与“夏板块”居中的位置有关（引自李零《待兔轩文存》，2011年，第76页）

成为中央政权的基地，而又以同心圆的方式扩散其势力于各处。整个中国是一个“天下”，“天下”没有边，也没有界线，只有向远处扩散而逐渐淡化的影响力。而且，这种影响力不一定是统治权力，而是通过文化交融而构成的一个新文化，其中包含了各种地方文化。将各种地方文化吸纳入中原文化，使“天下”的文化多元而渐变，共存而不排他。这样一个核心，加上其放射的影响力，终于形成了后世的“中国”。于是，即使在古代各地的居民原来可能是有不同基因的族群，经过如此布局，实际上所谓的“中原”居民，已经是来源复杂的混合体。“中原”向四周扩散，又不断混合，终于熔铸为一个人数众多的文化、经济、政治共同体。

中国古代的这一格局，和欧洲相比有很大的不同之处：在欧洲，一批又一批新进入的族群，凌驾在当地人之上成为“贵种”，没有融合各种族群的机制，致使族群之间的矛盾长期存在。整个欧洲核心不断转移，由爱琴海周边移到地中海的意大利，又移到西欧的法国，又分化为日耳曼的中欧和大西洋上的英伦，最后转移到北美大陆。欧洲的东部从罗马分裂后又自成局面，与西欧、中欧分道扬镳。各个核心之间难以融合，多有抗争。独一真神的信仰又具有强大的排他性，更使得族群之间的冲突至今不能消减。

第三章

春秋战国时期的“华夷”观念

周平王东迁，历史进入了春秋时期。那时西周的疆域之内，发生了许多问题。西周的封建社会面临剧烈的变化。一些本来是在封建体系以外的人，因为累积了财富而逐渐进入社会的上层。王室能够直接控制的封建体系，已经无法应付结构性改变。于是，封建上层分崩离析，最接近王权的一些近亲独占了权力，许多封建体系之内的外围人物，都面临无所归属的危机。

同时，可能因为气候的改变，在西周西边和北面的干旱地区，有一些族群开始向西周的本土迁移。为了抵抗这些侵入的外族，王室又从东边调动了一些部落兵团，协助王室防卫疆土。一时之间，现在的关中地区竟有许多不同的种族纠缠、聚集在一起。仅人口的压力本身，就使关中无法维持。

各种武装力量和本来的封君都各自割据一方，不受西周的号令。而西周统治阶层的族群，有鉴于形势恶劣，也逃离关中，迁移到东方的平原。例如，和王室非常亲近的郑国，就搬迁到河南的东部，在河南列国之中找了个空隙建立国家。

周幽王的王后褒姒，与太子宜臼（也就是后来的平王）争夺权力，引起犬戎和太子外家申侯联合侵犯首都。西周覆亡，平王东迁成周（今日的洛阳），从此周王室一蹶不振，只得依靠东方诸侯如晋、郑、鲁和卫诸国的支持。从此，东方封国纷纷自作主张，争夺霸权。这就是春秋时代的开始。

从公元前 8 世纪到前 6 世纪，战争不断。东方诸侯各自扩张，有的吞灭弱小的邻国，有的则向各自的后方发展，将权力伸展到原本周人的封建系统不及的外族地区。“中原”的涵盖地区因此扩大了；同时，版图的重整，也将中原的区块形态从小国林立转变成几个大集团。

争夺霸权的过程中，齐桓公开始提出“尊王攘夷”的口号。后来，经过一段时期的争夺，晋国长期据有中原霸主的地位，一直到晋国分裂为韩、赵、魏。“尊王”是尊重周王的地位，虽然周王已经没有真实的王权了，但是王权从封建顶端的地位转变成为一个文化系统的象征。“攘夷”则是抵抗外族。《左传·定公十年》载“裔不谋夏，夷不乱华”，即说明以王室为代表的“华夏”是“我者”；相对而言，所谓的“他者”则是华夏以外的“外族”——例如楚国代表的南方，以及北方许多所谓的“戎狄”。《孟子·滕文公上》认为：华夏文化应是那些外族学习的表率，夷人接受了夏文化，夷即被认为是夏人；反之，夏人不该同化于夷人的文化。如此以自我为中心的内外之分，开启了此后两千多年中国人傲慢的世界观。

“华夏”这两个字的来源，自古没有具体的解释。根据传统的说法，“华”是华美，“夏”是伟大——华美而伟大的文化，就是“华夏”，这乃是当时中原自以为是优越文化的宣传。从人类学家、考古学家的观点来看，并不能完全从字面上解释这个称谓。傅斯年先生提出“夷夏东西”[1]的理论，认为“夏”代表的是西方的夏后氏。在前面已经说过，夏后氏如何在尧、舜、禹三代建立了一个长达二百年左右的权力中心；而东方则是以渤海地区和山东半岛族群代表的五帝之后。傅先生也指出，周人以偏居西方的小国，挑战中原的商人；他们遂攀附商代以前的夏后氏，作为自己的祖先，以建立政权的合法性。从我们前章讨论的发展脉络来看，傅先生的解释有相当的依据。至于“华”字究竟代表什么，也只有从“华美”这个词下手。考古学家苏秉琦先生则提出，“华山玫瑰燕山龙”的口号，指出关中地区发展的仰韶文化，对中原新石器文化而言，是个相当重要的源流。华山高耸在中原和关中的交界处，据说山形如一朵花，因此被苏先生称为“玫瑰”；相对而言，“燕山”（红山）文化是渤海地区古代文明重要的成分：红山

1　夷夏东西说，1933年由傅斯年提出，认为在夏商周三代及其前期，大体有东、西两个不同的文化系统，夷和商属于东系，夏和周属于西系。

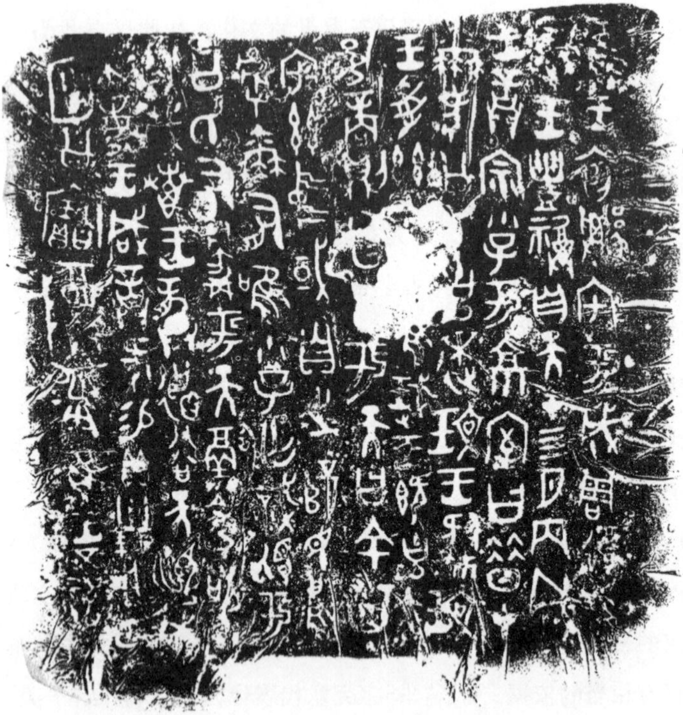

何尊铭文，其中有“宅兹中国”四字，这也是“中国”二字已知最早出处。何尊是周成王五年由贵族“何”制作的青铜酒器，铭文记载了成王在成周建都，为武王行礼福之祭，对“何”进行了训诰（现藏宝鸡青铜器博物院）

文化的玉龙代表了东边一系列的古代文明。因此，苏先生的说法和傅先生的说法可以互证：从关中边缘的华山延伸到黄河中游进入下游三角洲的顶点，也就是豫西和晋南的夏后氏故居，黄河中游的这一段黄土平原，乃是春秋时代和周代封建列国的主要地区。

与“华夏”这一名词相对应的，则是“中国”一词。此处的“国”字，指的乃是“范围”，范围之内的地区，就是“国之中”，简化就称为“中国”。先秦时代，“中国”一词使用的定义，大致而言，“中央地区”的意义远比“中心国家”为常见。西周初年的何尊，其铸造的时期离西周取商而代之的时间不太远。何尊的铭文就用了“中国”一词以说明西周以中原为本土，而洛阳一带正是当时的核心地区。

先秦典籍之中，《尚书·周书·武成》，《诗经》“雅”“颂”中的若干篇，以及《左传》的不少段落，大致都以“中国”或是“华夏”与其他的族群并举对立。例如前面说过的“裔不谋夏，夷不乱华”，这一类的词句常常出现。此处的“夷”可能只是泛称，并不完全有确定指涉的对象。《诗经·鲁颂》里的“戎狄是膺，荆舒是惩”，则指涉南边的楚国以及东边的徐、舒，还有西边的戎和北边的狄：这乃是以这四种所谓的“外夷”来对照“中国”。

儒家典籍《春秋》就是以“内诸侯”和“外夷狄”作为褒贬的标准以及区分我者和他者的界线。后世公羊学家的观点就代表当时的一套演化观念：在最古老的时候，是内中国而外诸夏；第二个阶段，是内诸夏而外夷狄；最后达到大同，则是没有边界的天下，从夷狄到中国，都是在一个和谐的次序之中。因此，春秋时代逐渐形成的内外界线，乃是反映了当时周封建体系内的国家逐渐融合，又逐渐将国内和邻近的其他族群分别融入这一大国的系统之内，最后终于形成一个不断扩大的天下世界。此后中国两千多年的历史中，中国始终自居为“天下”，外面的“夷狄”并不永远在外面，“夷”可以变“夏”，反过来，“夏”也可以放弃自己原来的文化传统而沦落为“夷”。“中国”并不是没有边界，只是边界不在地理，而在文化。因此，这一段时期的扰扰攘攘，竟是在无秩序之中孕育了中国特有的天下秩序观。当然，对这一套观念的真正落实，还是在大一统帝国的秦汉时代，直到那时，这一套观念才根深蒂固地演化为中国人的世界观。

回到族群冲突和融合，春秋时代确实有一个非常长期的演化过程。在平王东迁之后，第一期争夺霸权的诸侯，有郑、卫、宋，再加上齐和鲁。这一阶段只有“尊王”，还未见“攘夷”。齐桓公定威取霸，则是以周王麾下的诸侯挽救受狄人和山戎侵犯的邢国和卫国作为号召。宋国的霸业实际上没有完成。晋国长期称霸，其标志是，晋国屡次领导了针对南方崛起的楚国的抗争。在这一段争夺霸权的战争中，最主要的参与者是齐、晋、楚，以及吴、越。在这些国家兴衰的历程中，他们不断扩大自己的疆土，也不断地收纳本来不归属于他们的族群，融合为新的族群国家。

以齐国而论，姜姓的齐国本来就是西周封建体制下经略山东半岛及其外围的主力军。扩大而言，齐国的外围是海岱地区，在西周初年，这一个广大地区有三十多个小国。靠近中原东边的鲁国，本来与齐国都是西周开拓东方的主要据点。可是鲁国没有广大的后方，而齐国则有大半个山东半岛作为开拓的对象。春秋末年，田氏取代姜姓，将齐国经营成东方大国。那个时候，齐国已经容纳、消化了几乎整个海岱地区。如前章所说，有些族群，例如徐、舒，其相当多的人口陆续迁往南方和淮河、长江流域的中段。至于莒和杞这些小国，都已经沦为齐国的县邑，当地的居民都已经同化为齐国人。

晋国本来的封地是在山西沿着黄河边上的运城平原，其中心地区是在汾水的下游。在山西的中部和北部，则被许多其他的所谓“戎狄”据有，例如赤狄、白狄、陆浑之戎等。唐叔受封时，接收的命令就包括要尊重戎的风俗和夏的传统。在晋楚长期争霸的过程中，中原已经挤满了原有的封国。晋国为了取得争霸的资源，只有向后方开拓。晋国不断经营西面和北面的腹地，取得战马、铜料、食盐和兵源。晋国的疆域，终于扩大到西至黄河、北达“坝上”，涵盖整个山西地区和河北的一部分。那些原来是山戎、赤狄、白狄等的族群都成为晋人。晋国扩大后，一时强大无比。及至韩、赵、魏三家分晋：赵国拥有山西东半边和河北的土地和人口；魏国的领土则稍微偏南和中央，据有晋国的核心部分；韩国的地域则是偏西的一块。三国疆域，整体计算的话，有四分之三以上是并吞了的“后方”其他族群的领土。

楚国是在西周时开始建立的。本来东方“祝融八姓”中的芈姓，迁移到汉水流域和当地的百蛮合作，建立了楚国。楚国扼据汉中盆地的出口和汉水流域进入中原的交界，而且据有湖北、安徽的铜矿和云梦大泽的种种资源。根据西周的铭文，取得“南金”是个重要的任务。所以对西周而言，由于汉中孔道的出口被楚国占据，西周就无法取得东南方的重要资源。因此《诗经》之中，才有诗句表达对荆、舒的仇视。春秋时期，楚国与中原霸主不断斗争，不仅没有失败，而且继续壮大，就是因为楚国有广大的腹地可以开发。楚国最初是先向北面和东北的前线发展，蚕食淮上和汉上的诸侯。不久，楚国也向后面腹地扩张。到了战国之末，楚国的领地范围是：西南可以进入今天云南的滇池，西方据有四川盆地的东半部，东南可以到达长江下游，向南可以到达五岭。这些地区一概纳入其势力范围——楚国疆域如此广大，等于大半个后世的中国本部。在楚国西、南两面的地区，本来与中原不通声气，它们都是楚国着力经营的地区。民族学上，中国的西南夷、巴、濮、滇等，以及东方和东南的百越，经过楚国的阶段性整合，后来终于并入中国的族群中。

南方的吴、越，虽然在他们自己的族谱上号称是中原族群的后裔——例如吴人自称是泰伯之后，越人自称是夏禹之后——实际上，他们都是大汶口文化南下和良渚文化合流，再融合南方当地文化族群，成为分布在华南、华东沿海的百越。在晋楚相争时，晋国为了抵制楚国，在楚国的后方培植了吴国；楚国为了抵制吴国，又在吴国的后方培植了越国。吴、越两地的土著，依靠他们本地的资源，已经发展出高水平的制陶和冶金技术；沿海的沼泽和冲积平原上也已经出现了一些颇具规模的聚落。在晋、楚各自的影响下，这些当地文明和北方主流文明融合为一。于是，在晋楚斗争的影响之下，这一大片广大人口也成为中国族群的一部分。

西方的秦国，本来是接收了西周王室留下的关中地区，他们消化了分散在关中地区的各种族群。关中考古所发现的那些小国，其中不乏原来从更西、更北地方迁移到关中的人群。秦国也参与春秋战国的争霸，因此，他们也必须要不断地开拓自己的腹地。在战国时期，秦国已经俨然是东方列国的共同敌人。秦国能够崛起为如此强大的国家的原因，在于他们很容易就取得了西边的陇西和北方的河套地区，那些地区盛产战马和兵源。关中向南可以进入四川盆地的西半边，秦人很早就将蜀地据为己有，拥有铁矿和盐矿两大资源。于是，西北、西南地区的当地族群——例如义渠之戎——经过秦人的经营，也接受了中原主流文化的影响，融入中国众多族群之中，成为后世中国的一部分。

远在北方的燕国，在春秋时期就已经和中原失去了联络。在战国时期，因为中原各国的扩张，燕和赵、齐都有过接触和冲突。燕国为了取得更多资源，向北方和东方的腹地扩张，遂据有今天内蒙古的东半边和东北地区的辽河流域。远在新石器时代，这些地区的族群曾经和渤海地区的族群文化，也有过分分合合，彼此也互相影响。经过燕国的扩张，东北地区的当地文化也与中原文化发生交流互动，两者逐渐融合，那些族群终于成为后世中国众多族群之中的一部分。

为了争夺中原霸权，这些地居四处边缘的竞争者，在竞争过程中都不断壮大自己。于是各国个别扩张、聚合的成果，整体而言扩大了中国。历史发展具体的结果则是：经过春秋战国的蜕变，华夏的中国收纳了许多边缘的他者；实质上，竟符合了前面所说的将“内诸夏”演变成为没有边界的天下中国。

春秋战国扰攘五六百年，在中国历史上常被当作乱世。吊诡之处在于，正是在这一个乱世中，中国却经历了前所未有的扩张和融合，终于整合为秦汉大帝国的基础，也落实了诸夏中国的演变历程。

本章的开场白曾经简单说到春秋战国时代所经历的社会变化。前面几段陈述的人群的横向流动，在地理空间上形塑了“中国”；相对而言，社会结构的巨大变化则来自人群或个人在垂直方向的流动。

西周建构的封建体系，本是血缘共同体和权力共同体的重叠：周王既是君主，也是大家长，宗法体制也就是封建统治机制的基础。春秋时期，内外发生种种权力斗争，先是周王成为诸侯手上的傀儡，接着，诸侯所属的卿大夫，例如鲁国的“三桓”、郑国的“七穆”、齐国的田氏、晋国的“六卿”等，纷纷篡夺了国君的权位。到了春秋晚期，卿大夫手下的官员，即所谓“陪臣”，又篡夺了“巨室”的权力。这种内斗，以及列国之间的兼并，都会改变权力结构和财富分配。于是，不少社会的上层人物作为斗争的失败者，下降到社会的底层。相对而言，原居社会上层的精英下降到下层，从而提升了社会下层的质量，他们具有下层前所未有的动能，社会整体遂拥有发展的能力和积极性，推动了经济和文化的开展与进步。许多中国历史上的重要人物，例如孔子、孟子，都是没落的旧贵族或其子孙。

在经济方面，由于人口增长，各地彼此接触，许多资源得以流动传播。《诗经》中记载的农产品和日用物品，以及考古遗存呈现的生活资源，都比以前丰富。以食物而言，北方的黍稷、南方的稻谷、西面传入的大小麦和山地的豆菽，在各地都能生产。由于前述的各种斗争，参与的分子无不尽力寻求资源，以增加自己的竞争实力。铁铸的农具和工具，其功效不是石器或铜器可以比拟的。凡此，中国各处的资源总量不断增长，参与生产的人力也相应地增长。于是，中国的总体生产能力和生产数量，在春秋战国时期可谓大幅度地成长。

这些条件促使商品经济出现。各地产品互相交换，货币在区间贸易的广泛使用便是无可否认的证据。活泼的市场经济带动了都市化，城镇的复杂性质及其具有的活力，都不是

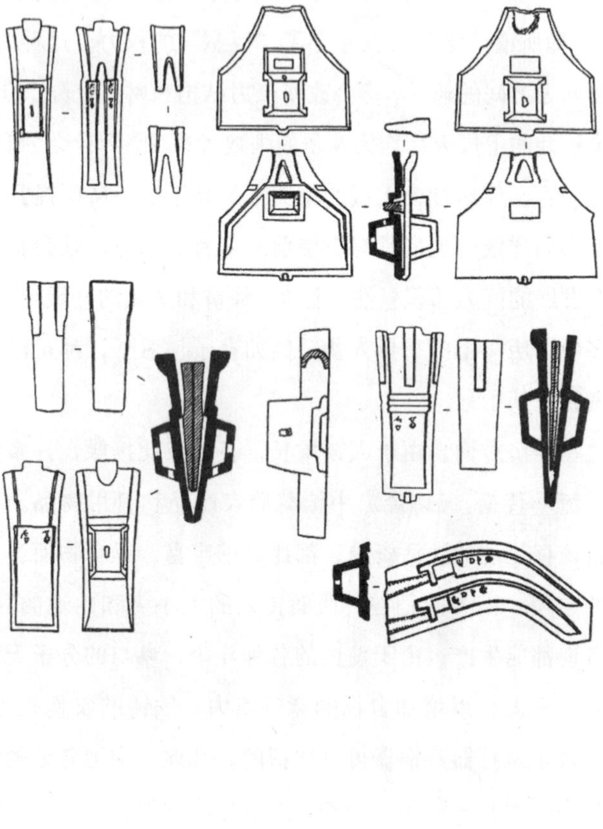

战国时期铸铁的铁范。图中分别有凿、锄、镢、车具、斧、镰的铁范。铸造铁器使用的主要是泥范，而与铁范相比，后者可以使铸件形态稳定，又可连续使用，对提高劳动生产率很有用（河北兴隆县出土，现藏中国国家博物馆。线图引自《中华文明史》第一卷，第232页）

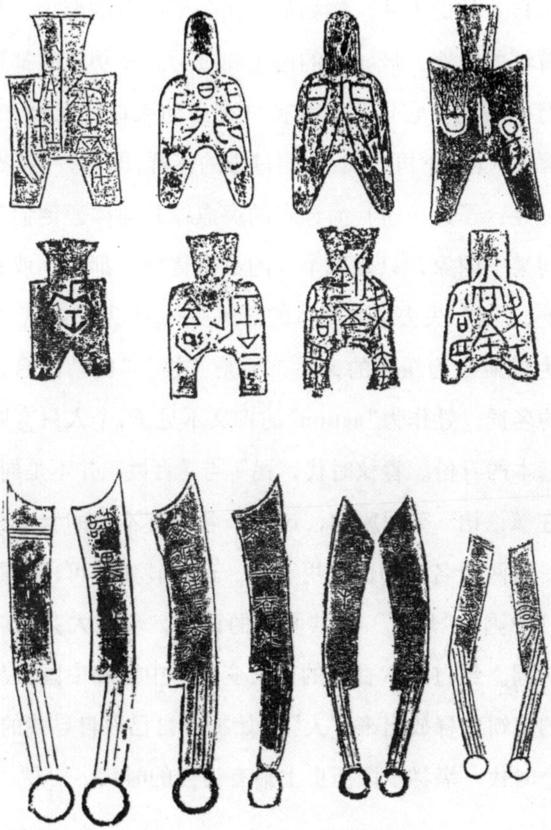

战国时期的铸币。上两排是韩、赵、魏的布币，第三排是齐国和燕国的刀币。不同的国家有自己独特的铸币，秦始皇统一六国后，废除旧币，推行秦的方孔圆钱“半两”（拓片引自《中华文明史》第一卷，第290页）

单纯以农村为基盘的经济形态可以相比的。政治性都会也聚集了来自各处的人才，例如战国四公子门下的游士、集结于各国首都的说客、城镇中的医生和技师。多功能的都市不同于封君的城邑，它们足以维持许多流动人口的互动和流转。这些都市人群，不再归属、认同过去的族群，即那些以“姓”（姬姓、姜姓、子姓……）为标志的类血缘共同体。他们甚至不必认同某一国家，只是以个人的身份寄居于都市，或者流转于各地。“姓”失去了共同体的归属功能，个人至多从“家庭”扩大为以血缘为纽带的家系，于是“姓”“氏”混合，成为联用的名词。姓作为“nation”的古义不见了，个人只有以“人”作为基本的身份。春秋时代，“民”与“百姓”并不是同义词，例如在《论语 · 宪问》中，这两个名词有不同的含义。战国以后，这两个名词却已混用不分。这一转变，可以理解为个人对“中国”“华夏”大共同体的认同，也是大共同体对个人的认同。经过五六百年的巨大变化，中国和中国人从封建制度的束缚中释放出来，“人”开始拥有自己独自寻找的意义。这一个时代，堪称中国历史上最有活力的时代。

第四章

天下帝国：关键性的秦汉时代

秦始皇统一中国，二世以后刘汉代秦，先后两个大帝国的体制奠定了“中国”与“天下”两个观念的内涵。许多中国的主流民族自称为“汉族”，也就是从“汉代”这个名称延伸而来的。因此，这一时代的变化，在中国历史上具有关键性意义。本章将从天下国家的体制、普世性文化的确立和内外关系各方面，分别讨论这个关键时代的大转变。

我们先考察“中国”和“天下”这两个名词的演变。战国时代，孟子已经说过：“天下乌乎定？定于一。”因此，在孟子心目之中，当时七国时代的纷争终究会统一为一个天下。孟子也谈到“中国”，例如上章引用的《孟子·滕文公上》中，记录了他和陈相的辩论，其中以北方为“中国”，以楚国为南方的蛮夷。在这个意义上，天下和中国并不完全等同。战国七雄中，楚国代表南方挑战中原——春秋以降，“尊王攘夷”排斥的对象主要就是楚国。此外，偏居西边的秦国和远在北方的燕国，从中原的眼光看来，也只是中国的边缘。秦始皇统一之后巡游各处，立碑夸耀自己的功德，在这些碑文之中，“六合之内”“宇内”“天下”和“中国”掺杂着出现。显然在他心目当中，他已经将“中国”确定为相当于天下的地位。

不过，在文字比较完整的琅琊台石刻中，提到中国的疆域——西边到流沙，东边到东海，北面到大夏，南边到北户，即秦廷以为的中国四周的边界。“流沙”当然指的是中国西北一带的沙漠，“东海”显然是中国东边的海岸线。“大夏”却是问题——中国的北方没有“大夏”。据汉代记载，“大夏”乃是西北边外的一个国家；汉人提到的“大夏”，乃是指泛希腊文化的巴克特里亚。这是一个塞种人（斯基泰人）[1]的国家，原来应当分布在今天新疆西北部及西伯利亚地区。在秦始皇的时代，大夏并不强大，秦人可能只知道西北有如此一个国家。其实这个国家和中国之间还隔着匈奴呢。“南至北户”，根据汉人的解释，“北户”相当于今天南海地区，在后来汉代建立郡县时被称为日南郡。在秦始皇的时代，帝国的南边已经到达今天的广东省，却并没有深入南海，也没有进入今日的越南。

1 塞种人，根据《汉书》记载，是原居今新疆地区的游牧民族，在大约公元前2世纪，受大月氏的驱赶，向南迁徙。一般认为，他们起源自斯基泰人。

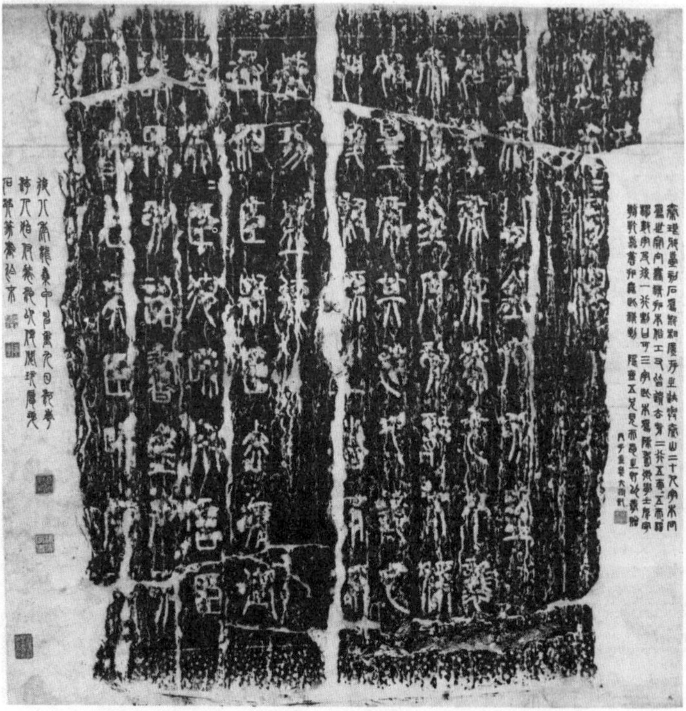

琅琊台石刻拓片。秦始皇公元前 219 年巡游东地，在琅琊台（现山东省青岛市）刻石，内容主要是赞颂秦始皇的统一事业

从“大夏”和“北户”两个名称看来，秦帝国的边界内只有四五十个郡的疆域；对于超越边界以外的情况，秦人并没有很清楚的知识。也许，从秦人对自己疆域边界的了解来看，他们在天下和国家之间还是有所界别。“天下”是普天之下，“中国”是天下的核心地区——这个“中国”却已经超越了过去的“中原”。

秦始皇统治着如此庞大的帝国，在他心目中，天下的核心即是秦廷统治的郡县；中国以外的部分，虽然是天下之内，终究是边缘而已。在秦代以前，我们不知道邻居对中国的称呼。从汉代的典籍来看，即使中国已经改朝换代，北边的匈奴和西域一带的民族，依然常常称呼中国人为“秦人”。“秦”的发音，也就相当英文的“China”。在印度的梵语中，中国被称为“支那”或者“震旦”。外人称中国人为“汉人”，要到汉武帝以后，在此以前，“秦”代表了中国。（西方对中国的另一个称呼为“Seres”，那是“丝国”的意思，另作别论。）汉代继承了秦人建立的庞大帝国，而且历时四百多年，外人逐渐称中国为“汉”，历久成为习惯。这一名称沿用到今天，中国人自己的主要族群也还自称为“汉族”。

从殷周两代开始，经历春秋战国，过去以人群组合作为基础的共同体逐渐转变。总的趋向，乃是从属人的族群转变为属地的共同体，乡党邻里成为个人主要的归属。这一转变，可以从国家的管理制度觇见。春秋时代，封建城邑中的居民是统治的族群，居住在城外的“野人”（意指城外郊野的居民，并不意涉野蛮）则是另外一套编制；从封君的角度看，这些人是封建体制外的他人族群，而不是按照地域区分的被统治者。战国时代，如前章已经说过，七雄都通过制度转变加强其统治能力。城邑之外和城邑之内，都要纳入同一套管理系统，郡县制度的雏形已经出现。

郡县以下的基层，在春秋时代还是以“社”为中心的人群共同体。所谓“社”，也就是地方的保护神，每一个“社”所在地区的居民，都围绕着保护神成为一个共同体。秦统一中国，彻底实行郡县制，统治权达到地方基层。从云梦秦简[1]中，可以看到当地县级首长是秦军的小军官。显然，秦一占据楚地，就立刻建立起统治机制。根据青川木牍[2]记载，政府管理的业务直透地方的农业和仓储。

汉代延续秦制。地方基层的行政建立于乡、里。我们从秦汉简牍的记载，看到“社”转变为“里”。今日所见的秦汉简牍，涉及的区域既有边地（如居延），也有海滨（如尹湾），更多的则是楚地出土的地方记录。这些记载所反映的地方基层管理基本相同。最基层的“里”，例如，根据湖北江陵凤凰山出土的《郑里廪簿》或荆州松柏出土的《二年西乡户口簿》的记载，可以看出中央政府经过郡县、乡亭直接管到基

1　云梦秦简，又称睡虎地秦简，因出土于湖北云梦县睡虎地秦墓而得名。这些竹简撰写于战国晚期和秦始皇时期，主要是法律制度、行政文书、医学著作以及关于吉凶时日的占书。

2　青川木牍，因出土于四川青川县郝家坪战国墓而得名，主要记载了公元前309年王命左丞相甘茂更修《田律》的事情。

层。政府掌握了每一个“里”的人口数字，多少大男、大女、中男、中女、小男、小女，他们每年的增加和减少，这些人所属的家庭以及彼此的关系，和每一家的产业。政府征收人头税，即所谓算赋和田赋，也由当地“里”的干部负责收集。在一个“里”中，也有一些自愿的组织，例如，像今天标会的合作团体、祭祀的集团、共同投资经商的结合等，有的是以“社”的名义出现，有的是以“约”的名义出现，却都以同“里”的人为主体。里长、三老等领袖人物，常常直接参与这些民间的自愿组织。从这些记载看来，地方行政当局经过乡里的组织，直接掌握国民的生活。在帝国体制之下，编入户籍的个人都是帝国的人民，即所谓“编户齐民”。当然，“齐民”二字并不表示人人平等，社会上的阶层还是存在，只是在帝国体制之下，百姓归属于国，并不属于族群。从这个意义来讲，帝国的统治贯彻到基层，说明了古代族群那种拟血缘的共同体已经解散，而代之以行政组织的基层单位，作为生活的共同体。秦汉帝国经过秦、前汉、后汉四百多年，彻底地打消了过去的族群观念。

从经济制度来说，从春秋到战国，生产的能力逐渐提升，地区与地区之间的交换也因为道路的畅通而愈来愈密切，这些情况提供了货币经济发展的条件。战国晚年到秦汉初期，市场经济非常发达。《史记·货殖列传》记载的经济活动，包括各种产业的发展、工商业聚集的财富数量和全国都市化的现象等，中国几乎出现了工商与农业并重的经济体。

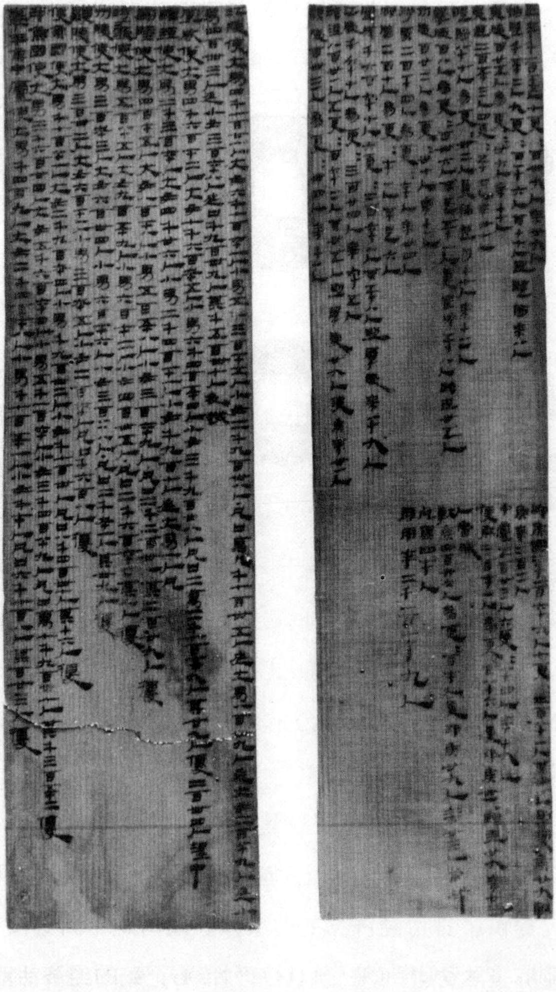

木牍《二年西乡户口簿》。所随葬汉墓墓主为周偃，生前是“江陵西乡有秩啬夫”，下葬于汉武帝早期（荆州纪南镇松柏汉墓出土，现藏于荆州博物馆，照片引自荆州博物馆编著《荆州重要考古发现》，2008 年，第 210、211 页）

汉代五铢钱。汉武帝元狩五年（前 118）开始发行，由于五铢钱重量适中，易于携带、计重，一直沿用到唐高祖武德四年（621）（现藏湖北省博物馆，照片引自湖北省博物馆编《书写历史——战国秦汉简牍》，2007 年，第 30 页）

汉武帝以后，政府因为支持对外战争，极需资金，所以不惜竭泽而渔，用高税聚敛都市的资产，致使工商经济大受打击，不再有发展的机会。从此，中国经济形态转化为以精耕农业为基础，发展了农舍手工业的市场经济。这个现象，在我的旧著《汉代农业》中有相当清楚的描述。市场经济还是需要货币，汉代的货币五铢钱代替了过去战国时代各国各自发行的货币，也代替了秦代复杂的货币，成为非常稳定的交易工具。五铢钱的币值和信用长期稳定，甚至汉代亡了，魏晋以后，五铢钱仍然是一种很受重视的有价媒介。一个国家的货币能够长期维持其稳定的信用，必定对国家的凝聚力产生重要的影响。

汉代以农舍手工业作为市场经济的基础，地区间特产的交流依赖于秦代已经开拓、汉代继续发展的全国交通网。《史记·货殖列传》描述当时中国的道路网，俨然已是“三纵三横”，笼罩全国。在这一道路网上，都邑城市扮演的角色乃是各级货品聚散的交换中心，而不一定是生产基地。这些都邑城市，往往就是郡县行政单位的所在地。这一现象，也使得帝国体制在经济层面笼罩全国，使政治与经济彼此辅翼，发挥了强大的凝聚力。中国历史上，这一全国互相依赖的经济网络，即使在国家分裂时，还能发挥经济一体的功能。中国常常分裂，然而分久必合，正是由于经济的互依，创造了国家复合的契机。

在思想方面，春秋战国时期百家争鸣，是思想极为活泼的时代。到战国晚期，各家思想彼此影响，来自各个地区的地方色彩也因为彼此影响而逐渐融合。例如，本来在中原发展的儒家，和在南方楚地发展的道家，在彼此对话过程中，都有所修整。法家本来就不是学派，而是若干讨论管理学的人物，将他们的意见整理成理论。战国时代，各国改革的经验，在彼此学习的过程中，被总结、提炼成帝国管理制度的理论基础。儒家和道家对这些法家的理论也有相当的影响。秦始皇在各处立碑，其中表彰的礼法和伦理，以及推崇的国家秩序，其实和荀子的理论相当接近，这也是因为秦始皇的主要助手李斯和李斯的同学韩非都是荀子学派的人物。汉代实行的治术，继承秦代精神，乃是儒表法里。至于道家的哲学，虽然表面上和统治无关，但道家的道术也是一种手段。《史记》将韩非与老子同传，也不是没有道理。

从战国晚年开始，因为彼此错综复杂的关系，各种思想相互影响，有人开始做综合的工作。秦始皇统一中国的文字，从此中国的文化有了一个可供全国共同使用的载体，战国时代已经呈现的思想交流，遂有了更大的发展。吕不韦的门客合编的《吕氏春秋》，就是一个大的百科全书体。汉代的《淮南子》，则是以道家思想为基础的综合著作。这些著作都涵盖全部知识，从宇宙论、知识论到政治哲学，无所不包。这个气魄，确实是和天下帝国的格局相称。汉代董仲舒的著作，以天人感应为主题，则是将人类的知识和宇宙的结构统合成一个巨大的知识系统。许多儒家著作的文章结集为《礼记》，其内容也无所不包。西汉初年，大乱以后，政权初建，采取与民休息的政策，道家哲学成为王朝无为而治的治国理念的基础。汉武帝以后，政治趋向于上下贯注、无所不包的大格局。儒家的今文学派上承孔子济世的使命感，发展的方向是发挥"内圣外王"的"外王"部分。董仲舒建议政府"独尊儒术"，也是为了通过儒家的理论，为天下建立一个理想世界。《礼记》中的《王制》和《礼运·大同》，所标榜的都是一个理想的天下帝国。董仲舒的学生甚至建议汉代皇帝让出帝位，由贤者接替。西汉末年王莽夺取政权，其所持理由也是为了实现儒家理想。凡此种种综合性思想，大开大合，与天下帝国的结构彼此呼应。

董仲舒曾经应汉武帝之召，回答武帝的问题，提出所谓"天人三对"。除了关于天人关系的宇宙论观念，他最有影响的建议，是有关人才的选拔。汉代本来就有邀集天下人才的机制。在汉初，朝廷不定期地要求高级官员推荐人才；有才之人，也可以主动向政府报名。朝廷也不时让这些人才提出他们的建议，或者朝廷命题，要求他们答复。董仲舒的对策，就是回答朝廷提出的三个大问题。察举制度在武帝以后成为罗致人才的制度，内外高级官员都可以不同的名义——例如孝廉、方正、孝悌、力田——推荐天下人才，或者列举其特长，例如"能使异域"，等等。察举终于制度化，由各地方定期推荐人才进京，在上述各种名义之下，通过考试后，担任侍郎、郎中等类，留在郎署候命。那些地方推荐的人才，通常是地方官署的职员。这些职员经过上司考核，被认为值得推荐，就以递送地方工作报告的名义进京，同时，他们就作为地方推荐的人才留在京城。

在郎署待命的郎吏，等于是在京学习。他们以种种名义，在朝廷担任助理工作，甚至于执戟廊下，侍卫朝廷。他们也会被派遣在官署中服务，或者担任高级官员的助手，随时听待差遣。过了一段时间，有一批郎署的待用人员，可能被任命在首都服务，或者奉派到外地担任各种职务。汉乐府诗中有一段形容汉代公务员的宦途过程："十五府小吏，二十朝大夫，三十侍中郎，四十专城居。"有人以为，"二十朝大夫"未免年纪太轻。其实，此处的"朝"不是中央的"朝"，对于汉代的地方政府，当地人都可以称之为"本朝"——"朝大夫"只是在本地担任公务员而已。宦历中最重要的一段，却是"三十侍中郎"，从这个阶段以后，被察举的候选官员才真正进入中央文官组织。西汉的高级官员之中，四十岁做到二千石者并不罕见。很多人在五十岁以前就做到丞相，或者相当于今天的"部会首长"。

察举制度网罗天下人才纳入统治机制，他们带来了各地的讯息，使朝廷决策时，通过这些人可以了解全国各地的情形和需求。如果他们奉命担任外职，以汉代回避本籍的制度，必定在本地以外工作，可是在地方首长周围的辅助人员，都是从地方人才中征选，都是本地人。于是，一个地方政府既有外来人作为首长，又有当地人作为辅助，彼此平衡。如此一来，中央和地方之间，既有适当的沟通，又不至于发生当地人在本籍服务的偏袒现象。定期察举，等于将全国人不断地周转，不使任何地方独占权力，也使全国的信息因为人才流转而流转，全国的政策不至于有地方性偏差。前文曾经提过，以农村为基础的市场经济，将全国组织为庞大的经济网络，地区之间自然有物资的流转。察举制度则是将人才的流转，也组织为庞大的网络，将人才资源和讯息经过流转，汇聚中央。这两个网络，彼此相辅相成，幅员广大的帝国，因此可以凝聚为整体。

以上所述，主要是从秦代到西汉的发展。经过约二百年的演变，春秋战国的列国制度，终于转化为坚实的皇朝体制，以文官制度和市场经济两张大网，将广大的中国融合为一体。再加上独尊儒术以后，儒家的意识形态成为士大夫持有的价值观念。儒家——尤其今文学派——主张选贤与能、为社会服务，也主张天子承受天命，是为天下百姓服务，而不是一姓一家永远统治。这一套意识形态，使文官系统与皇权保持一个既合作又彼此制衡的关系。当然，文官之中的大多数会甘心为皇权服务；可是，也有不少人，不论在朝还是在野，都可能以他们的意识形态约束皇权。在世界各地的古代帝国之中，中国的这种制衡机制是相当特殊的。西汉的文化精英和统治阶层之间，具有如此微妙的关系，既可能有一时的冲突，也可以形成长期的稳定。社会精英的自主性和独立性，在西汉以后，常常是使庞大帝国能够维持不散的重要因素。

第五章

秦汉时代的扩张

在上一章我们已经谈到，秦汉的中国已经凝聚为一个巨大的政治经济和文化的复杂系统。其中特别提及：政治力量的渗透到达了底层；经济力量将全国纳入一个巨大的网络中；而在文化发展方面，经过共同使用一套文字系统（“书同文”），以及儒家思想逐渐成为正统，具有一定水平的价值观念被建构起来。这三重凝聚，使中国不仅在内部逐渐聚合为坚实的共同体，对外也具有强大的自卫能力和吸引力。

秦汉时代的对外关系，应该可以分成两层：一个是抵御强大的北方游牧帝国——匈奴；另一个则是，秦汉中国如何与其他具有各自背景的族群相处。

匈奴本来只是北方草原上众多游牧民族之一。战国时代，秦、赵、燕面临北方草原，为了保卫自己的北方边境，都建筑了各自的长城，以阻挡胡马的铁蹄奔驰。在对抗之中，北方若干共存的游牧族群，逐渐统一于本来居于东部草原的匈奴，然后建立了一个庞大的游牧帝国。秦汉统一中国以后，在相当于今天内蒙古的高纬度地区，游牧和农业两大帝国长久对峙。秦始皇将战国时代北边诸国的长城整合为“万里长城”，秦代北方的国防得以稳固，但是秦采取守势，并没有积极进攻。

汉武帝以前，中国缺乏战马牧场，因此不得不继续采取守势。沿着边界，汉代开始建立许多驻防的基地，不仅有武装部队长期驻屯，防守边塞，而且在若干地区，例如今天的河套，开拓了移民的屯垦区，以民屯作为军事保卫的后盾。历史文献曾记载过这些民屯区，以河套为例，从晁错的建议可以得知其基本情况：这些屯垦的小区都是由政府事先规划好的，包括建筑住宅、发展水利，甚至于提供巫、医的服务。我们今天还可以从居延汉简的记载中，知道更多的细节：这些屯垦区的居民来自全国各地，有许多屯民是代替别人来戍边的，他们长期在民屯居留。从历史文献来看，我们并不清楚总共有多少民屯区。不过，从所谓“六郡良家子”[1]这一类的名称，可以知道边郡民屯的子弟其实已是战士的兵源了。从河西走廊延伸到辽东这一条漫长的国防线上，有数十个边防戍军；配搭的民屯区，则居住着来自各方的戍边百姓。这

---

1 六郡指天水、陇西、安定、北地、上郡、西河，都是围绕关中西北的边郡，居民习武，为汉室提供不少名将。

个屯戍的过程，毋宁说是一次族群的混合和重组。

匈奴和汉廷之间或战或和，在彼此学习的过程中，汉廷吸纳了许多草原作战的技术，以此来对抗匈奴，甚至用于长程征伐。李广、卫青、霍去病、苏武、李陵等人，他们的事迹都见证了两大帝国对峙期间冲突不断。胡汉之间也有互市，《史记·货殖列传》就记载了边地商人与匈奴之间的交易，主要是以农产品和工艺品换取匈奴的牲口和皮毛。汉室与匈奴单于之间常有和亲，以维持和平；双方也经过和亲与边疆贸易来彼此交往。前后汉与匈奴长期对抗，直至匈奴内部分裂离散。西走的北匈奴远离中原，留在草原的南匈奴和其他余部则逐渐汉化。无论是和是战，经过不断的对外接触，中原的文化中增加了新的成分。在三国魏晋时代，居住在边境的汉化的匈奴后裔，乃是“五胡”中首先进入中原的竞争者。

西北方面，本来有大月氏居住，匈奴强盛，迫使大月氏西迁。贺兰山下，西藏高原山麓的草原上，则有西羌居住。这一藏缅语系的牧羊族群，终两汉之世没有建立国家，只是有许多部落散据在山坡和草原上。到了东汉时代，羌人竟成主要的边患，汉、羌冲突不断。在中国通西域的道路上，羌人和汉廷河西四郡共存，羌人逐渐转化为农牧兼顾的族群。东汉末季，汉戍军将领董卓和羌人合作，居然夺取了汉廷政权，结束了东汉帝国。三国鼎立时，蜀汉的武力也颇依赖西羌的兵源和羌麦的供应。

同时，汉廷通西域，是为了断绝匈奴的“右臂”。经过张骞、

《马踏匈奴》(霍去病墓石刻之一，现藏于茂陵博物馆，局部照片引自邢义田《立体的历史——从图像看古代中国与域外文化》，2014 年，第 122 页)

班超等人在两汉前后的努力，汉廷与西域之间的通道被开拓出来。由河西走廊延伸到天山南北麓的通道，被称为“丝绸之路”——这是古代中国第一条对外的长程贸易路线。经过丝绸之路，中原取得了许多新的事物：“天马”（伊犁马）、葡萄、西瓜、胡椒，和后来成为主粮之一的麦类，等等，而且长期通过外销丝帛获得颇多盈利。中原、西域和匈奴之间失落的军队、掠夺的战俘、移动的人口，也使三个地区的人群都增加了前所未见的基因，不仅北方胡人（匈奴、东胡、丁零、羯……），连居住在西域的塞人，也有与中国内地人种混合的记录。凡此，都是从对外战争的过程中发展出来的一些新的条件，它们改变了古代中国的文化面貌，也为古代中国民族增加了新血液。

对于东方、南方和西南，秦汉的扩张则是另一番面貌。前面曾经提过，从秦代开始，中国发展了涵盖全国的道路网。其中不少干道是由政府开发的，例如，秦始皇的驰道，有一定的宽度、厚度，需要经常维护。在主干线之外，有许多分岔，像树木枝柯一样，延伸到全国各处。秦代和汉初设置的郡县遍布全国，但是，许多郡县的治所大都是在主干道上，政府的功令并没有真正有效地深入到交通网络的末端。在东方，例如浙江、江西以及安徽南部，都还有许多战国时代的原居民居住——他们的族属相当复杂。在南方，长江以南和四川盆地，还有沿海许多地区，政府都不能直接控制。这些地方的居民，虽然在战国时代就受到楚国和秦国的统治，接受了相当一部分的中原影响，究竟还是具有相当的地方性。广大的西南地区山地崎岖，族群甚多，其来源更为复杂。楚国大将庄蹻曾经以武力进入今日滇池地带，却没有建立起有效的控制。以汉代帝国整体而言，战国七雄之外的广大疆域只有点的控制。除此以外，汉廷统治的线状网络也还不够深入。大半个南方，还有许多有待填补的空间。

如上章所说，北方中国地区已经有发达的农业、活泼的商业和高度的文化水平。用今天常用的词语来讲，这些都是“软实力”。相对于南方和西南散居的族群而言，中原汉廷代表的涵化力，足够一步一步地将分散在湖沼、河流、山地的族群，吸纳为中国的一部分。一般言之，在干道上的郡县治所，可能也是深入腹地的经济中心。商贩将中原出产的商品，包括铁器、纺织品、工艺品等，贩卖到少数族群的地区。这些贩卖的路线,大多数可能称为“道”。在古代有一些以“道”为名的县份，例如狄道、僰道，等等。这些地名，可能就是从当年的贸易路线发展而来。中原商贩和移民的移入，以其强大的文化力和经济力，逐渐同化了当地的原居民，终于在原居民地区设立了新的地方行政单位。汉廷政权发展的形态大致是：沿着水路的河谷和陆路的山垭，再从大河河谷延伸到支流，溯流而上进入更深的山地。如此一步一步，中原汉廷的行政权和经济、文化力填补主道以外地区的空间，这些地区被收入中国政令和文化的涵盖区域内。

整个过程需要漫长的时间。西汉时代，第一步发展的是今日浙江、安徽、江西等处，例如会稽、豫章；第二步则是进入福建，设立几个据点；第三步则是继续秦代在广东已经开始的扩张，将南越纳入掌握之中。这些地区，笼统言之，都是广义的“百越”族群居住地。秦代的征服，大致只是名义上建立了若干郡县治所，经历两汉长期的发展，汉廷方得有效地控制整个地区。

汉廷在东南部的扩张，没有花很大力气，因为这些地方已经有相当多的北方居民，他们和原来的居民混合居住。原来的居民在战国楚、吴、越的统治之下，已经吸收了相当程度的中原文化。汉代完成对这些地方的全部控制，颇得先前移民的帮助。汉政府对当地原居民的政策，不仅包括以中原移民充实东南，而且将若干百越的族群往北迁移到人口较少的地区。强迫移民的手段其实相当的残酷：浙江的瓯越，就在北移过程中有数十万人北迁，究竟有多少到达目的地，历史没有记载。

南越归属中国的过程也较为曲折。经过秦和汉初的连续扩张，在汉兴之后，秦始皇留在南越的部队的将领（原籍赵国的）尉佗，自立为南越王。汉廷容忍南越存在两代之久，然后才以大兵征服了南越。为了进攻南越，秦始皇曾开拓了跨越南岭的运河。这个艰巨的工程，今天还在使用。规划灵渠工程的史禄，可能就是当地的原居民。南越涵盖的地区，主要为珠江三角洲，延伸到交趾——今日越南的北部。从两湖到五岭之间，那片广大的湖泊、沼泽和山陵地区，在西汉时代，也只有几条主要的南北通道而已。经过两汉的长期发展，这些政令所不至的山区，才逐渐融合于帝国的疆域之内。当时两湖的五溪蛮等少数民族，为了抵抗汉人的侵入，有过数百年的斗争。真正地将广大南方地区吸纳为中国的领土，还需要汉人不断地移民，那时已是三国和南朝时期。

中国西南部包括今天的四川、贵州和云南，在汉代成为西南夷的地区。这些地区居民的族群成分非常复杂。以今天中国西南部的族群而言，他们的语系包括了汉藏语系以外的南岛语系和南亚语系。他们可能在秦汉时代就已经分布在广大的山区中，分别居住在隔离的山谷、山坡和山顶的湖区。秦汉时代，这些族群并没有组织为国家，最大的不过是一些部落群，尽管在中国典籍之中，他们的领袖也带着“王”的称号。他们对中国内地的知识也非常隔阂——例如，贵州的夜郎还曾询问汉廷的使者：“汉与夜郎谁大？”如前所述，楚国将军庄蹻曾经深入过西南，可是并没有建立有效的统治。汉廷对于西南，本来也没有急切并入版图的打算，只是因为要打通西域，听说了从中国西南到西域有快捷方式，才通过已经移入四川的居民，开始经略西南夷。

不过，终两汉之世，汉廷的郡县也只是稀疏分布于西南山地的若干治所而已。三国时代，诸葛亮南征后，才对西南地区建立蜀汉的有效统治。三国竞争，蜀汉据有四川一地，人力、物力都不足以维持长期抗争的情势。诸葛亮不得不大举南征，将西南的资源和兵员收为己用。在南征后，有不少西南族群的领袖（例如孟获）归顺蜀汉担任高官。诸葛亮的《后出师表》列举了西南少数民族的军队，他们已是蜀汉武装力量中重要的成分。中国的大西南气候温和，植被良好，物产丰富，不仅能为蜀汉提供许多资源，而且在此以前和以后，它所提供的茶、盐、铜、铁、薯蓣和无数药材，于整个中国都有裨益。当然，汉人秉持强大的文化和经济力量，才能吸纳西南为中国的一部分。更值得注意的是，从四川经过云贵的道路，成为中国去往今天中南半岛及印缅地区的通道，使中国在东南亚和印度洋的边缘开拓了新门户。

以上讨论的，都是中国如何扩充自己的疆域，使之达于四方。这些地区，从秦汉以后，几乎一直留在中国之内，融合为中国的一部分。可是，还有三个地区，也在这个时期大量地接受中国文化，也接受中国的移民，却没有成为中国的一部分。这个现象值得探讨。

先说今天中南半岛的越南。前面已经提到，它在秦汉时已有中国的行政单位，而中国的大量移民也在越南立足。可是，中国建立的郡县大致限于越南北方，交趾郡没有延伸到今日的越南南部。在日后的历史中，越南始终是华化很深的地方。到今天，我们还可以看见，越南的建筑和风俗都和今日广东相当接近。越南的文献一直使用中文，直到近代，因为法国的占领，发展了新的拼音文字，方才不用。但是，交趾在中国历史上经常被列入版图之内，又经常独立自主。今天，越南紧邻广东、广西，却能够相当程度地保持自主。

第二个个案，是朝鲜半岛。在汉代，朝鲜半岛曾经有四个中国的郡（乐浪、玄菟、真番、临屯）。在这半岛上，曾经有过不同的族群分别建立的国家，难得统一，也长期留在中国的疆土之外。朝鲜长期使用中文：他们的历史、文学和日常的交流工具，无不是中文。距今约四百年前，他们创造了自己的拼音文字，才不再使用中文。他们的传说，无不以殷商王子箕子开朝和燕人卫满建国作为早期的历史。秦汉时代，许多中国移民从山东经过海道进入朝鲜，或者循陆路由辽东进入朝鲜。半岛上的生活习惯也和中国的北方十分相近。固然，朝鲜半岛上的国家常常是中国最亲密的外围，可是除了汉代设过郡县，朝鲜始终是自治的国家。

第三个个案，是日本。日本考古学上一个划时代的转变，是在弥生文化时代，也就相当于中国的战国晚期和秦汉时期。在这时期以前，日本还在新石器时代晚期，可是一进入弥生时期，立刻出现了稻米耕作、铜器、铁器和国家的组织。凡此变化，最早在九州岛发生，然后延伸到日本其他地区。日本民族来自两个方向：一支来自北方的亚洲大陆；一支是经由海路，从南方进入的族群。这两元的结构之中，北方的一支——江上波夫所称的“骑马民族”——可能就是亚洲大陆上使用通古斯语[1]的一支，日后成为日本的武士阶级。另一支

1 通古斯语族，阿尔泰语系之下的语族之一，又分通古斯语支和满语支，主要分布在蒙古国、西伯利亚和中国东北地区。

则是在九州岛登陆的亚洲大陆族群，金关丈夫和梅原末治等日本学者都认为是从中国进入的族群。弥生文化就是由这些人带入日本。既然稻米不能在中国北方种植，而且日本古代的稻米从考古学上的证据来看，是和中国南方河姆渡文化的稻米同一种属，那么弥生文化应当来自中国南方。中国和日本的传说中，都有徐福带领三千童男女移民日本的故事。我们不必讨论这个故事的细节，只看徐福故事的背景是在秦始皇时代，正是大量中国移民陆续移入日本的时候。据日本学者的估计，秦和两汉三个朝代四百多年间，自中国移入日本的人口不亚于三百万。众所皆知，日本和朝鲜一样长期使用中文，其风俗习惯也和中国相当接近。可是，日本从未被纳入大陆疆域之内。

这三个例子，有一个共同点：从中国本部进入这些地区，都要经过海路。固然越南和朝鲜与中国都有陆上连接，但最初从中国进入越南的起点，却是在珠江三角洲的广州；同样，经过辽东进入朝鲜的路途相当迂远，倒是从山东半岛一苇渡海，立刻就到了朝鲜西岸。从山东半岛进入日本，和从江南进入日本，都要经过海路，借季风和洋流之力到达。

前面曾经提过，秦汉帝国的交通路线编织了一个庞大的道路网，由纵横主干道，经过分支，一步一步地从核心地带渗透到各处。移民开拓了新的分支道路，也就将中国的行政权力带进了新的地区。海路交通没有可寻的主干道和分支道，只是从一个港口到另一个港口，乃是跳跃式的连结，不同于陆路的交通，后者能够编织为持续存在的道路网，网罗新的地区于中国的版图内。这一个特点，我想也可以解释秦汉帝国的扩张和罗马帝国的扩张两者之间的区别。因为后者的本部是在地中海的一个半岛，罗马各方面的扩张，三分之二以上是经过海路。虽然有“条条大路通罗马”之说，真正的大路大概只有三条，都要经过意大利半岛的根部。

回顾绪论所说的“现代人类”从非洲扩散的移徙，分别是：从太平洋的西海岸北上的一批；经过东南亚北部，穿越今天中国西南部，然后一路直接北移，一路东转，进入长江流域的一批；经过中亚北上，东转进入中国西北部的一批；直上至乌拉尔山下，再东转扩散于亚洲北部的一批。这四批大迁移，涵盖今日中国的整个疆域。以秦汉继承先秦的发展而言，上述各条路线，覆盖于后世东方的夷 / 越族群、西南的蛮 / 蕃族群、西北的戎 / 羌族群和北方胡人各族的地区。远古人类的时代，距离先秦 / 秦汉有数万年之久；如果那些来自非洲的“现代人类”留下基因，则他们基因的大部分都会分别传给中国各地区的各种族群。在经过先秦 / 秦汉时期的几番融合后，中国地区的人类竟可能拥有非洲人类移入东方的绝大部分基因，而且各处大同小异，呈现相当程度的一致性。假如东亚也有原始人类存在，例如丹尼索瓦人（或者还有周口店上洞人、许昌人……），他们的基因注入“现代人类”，应当有助于后到的“现代人类”适应当地生态环境，则东亚人类又会呈现东亚的独特性。不过，十万年岁月久远，目前古人类的研究资料还不多，我们不能轻易跨越这一漫长的时段直接“对号”，确认各处人类的传承及其间的源流。

总结地说，秦汉中国能够熔铸为坚实的整体，乃是基于文化、政治、经济各项的“软实力”。文化方面，在战国时代的基础上继长增高，中国有了完整的宇宙论、伦理学和价值观念，这些都是建立在儒家、道家和其他各家综合的基础上。“天下”观念具有弹性，可以不断地收揽和包容，有别于民族国家的疆界。秦汉帝国的文官组织，可以依靠察举制度收罗全国的人才和信息，也能分层分曹办事，稽核成绩，信赏必罚。中国的政治结构，相对于同时代的罗马、波斯和印度，具有较明确的制度化，不至于完全依赖皇权的人治和贵贱的阶级特权。经济方面，中国已经发展出当时世界上程度最高的精耕农业和市场经济；中国的知识和科技能力，都站在当时世界的前哨——例如，浑天说的天文理论可以实现相当精准的观测，还有精密的算术和相应的数学理论；医学有《黄帝内经》和《伤寒论》的理论，和针灸、麻醉的实用技术；对于各种知识的整理、系统化，有图书的分类学，和注意语义学的字典；工艺技术方面，知道利用水力，包括制造灌溉、运输和水力机械，能铸造碳钢的工具和兵器，能纺织染色、制造各种精美的丝织品；制造和生产的工作程序方面，知道标准化，等等。这些“硬件”和“软件”的能力，使中国的生产能力超过四邻，具有相当的吸引力，通过贸易，将各处的经济纳入中国的大系统之内。以上这些“软实力”，在后世长期延续，而且不断继长增高，因此，中国能够长期维持政治和文化的整体性。

至于宗教方面，这时候，外来的信仰开始进入中国。但要等到秦汉之后，才根本性地改变了中国文化的精神面貌——那是后话，在下章再予讨论。在这一章，我们可以确认：生活在那巨大网络里面的主要人群，就是“汉人”。

第六章

天下国家模式的衰坏

上一章谈到秦汉帝国，它在文化、政治制度和经济形态等方面都有其特点，才能形成庞大而充实的主体，并且足以吸纳新的族群和地区，继长增高。其实，在两汉之际，有些特征就已经发生了质变。经过东汉的继续演化，如此庞大的帝国居然崩溃，形成三国魏晋的局面，然后进入一度“五胡乱华”的南北朝。在这一段四百年的分裂期间，中国经历了衰变和重整；分裂结束，隋唐统一，中国又成为了天下国家。

西汉统一天下，从董仲舒的宇宙论开始，吸收了五行轮替的观念，将君主天命经常改换看作常态，不由一姓一朝永远继承。在武帝的时代，正是这个观念引发了许多儒家学者的让贤理论。上一章已经说过，至少有两次，学者直接提出汉代的天命已经结束，应当由贤人承受新的天命。武帝经常改元，就是希望以自己改元的方式重新开始新的天命。哀帝甚至自己改变国号、帝号，希望能够以此消灾。王莽代汉，自称“新”朝，更是希望以此落实汉室禅让，由他承受新的天命。刘氏宗室的复辟运动，以“更始”为年号，意味着重新开始。甚至于光武帝自己也借用《赤伏符》[1]的预言，确认自己是重新受命的君主。

这是儒家今文学派“以天下为己任”的使命感，让他们不畏帝王的权威，坚持天下不是一姓一家独有，君权是为天下而存在的。这一套理论和儒家的宇宙观有密切的关系，汉代的儒生发展了一套解读预言的谶纬之学，当然不外造作的假预言。王莽可能真的相信自己承受了天命，可是汉光武很清楚，这其实只是政治的运作，所以他警告后人，不能再玩弄这一套愚人的花样。从此，东汉就禁绝谶纬之学。西汉的儒学是以经世致用为宗旨，希望能够在世上开创大同局面；东汉的官学，却是完全以考证训诂为学问，对一两个字眼可以有烦琐的考订。从好的方面说，东汉的儒学，目的在清理儒家的经典，排除谶纬之学这类附会的东西；从另一方面看，这一套学问就远离了儒家淑世的宗旨，成为烦琐之学。虽然，东汉末年太学生们积极地参加政治活动、批判朝政，但儒家作为一个学派，却已丧失了西汉时代的活力。

汉代的文官制度，原来的设计是以丞相为百官之首，全

---

1 《赤伏符》，西汉王莽末年出现的谶文，预言刘秀上应天命，继汉统为帝。

国的政务是由丞相负起全部的责任。用今天的术语说，皇帝代表的是政权，文官系统代表的是治权，二者彼此制衡，颇有今日内阁制的精神。固然，霍光当权的时候，实际上大将军就是代理君权、总持内外的独裁者，但在制度上，文官体系还有独立运作的精神。东汉时代君权强大，内廷的尚书替代外廷总持政务，文官系统不再独立。从此以后，中国两千年来，不再出现真正有独立性的文官体系足以抗衡皇权。后世每一个朝代，制度上都有过独立的文官系统，实质上都是君主在“内廷”秘书班子的辅助下实行专制统治。

西汉的察举制度仍旧存在，而且察举贤才的标准也依旧凭借儒家精神，由乡里郡县甄选符合儒家行为标准和能力的学者，进入文官系统。然而，在东汉，实质上不再独立的文官体系内，儒家的理论精神已经无法落实，更无从匡正皇权。凡此改变，都使东汉的政府脱离西汉原初设计，难以具有限制皇权的力量。

文官体系为皇权服务，官员们也就只注意自己的功名利禄，难得再有人坚持儒家理想。察举制度，原来是地方长官在当地的僚属中选拔人才的制度，日久生弊，地方上一些官宦后代，逐渐垄断在乡梓服务的职位，从此逐步进入官场。许多已经任官者，在彼此乡里互相交换荐举朋友的子弟。于是，东汉出现了地方豪族，他们无形中构成一个官僚阶级，成为实质上的贵族。前面两章所提到的人才流转和讯息的流转，乃是汉帝国制度的重要特色。经过如此的演化，这个由大族垄断的文官系统，不再能够反映地方的意见，也不再能够容纳各处的贤才。以功名利禄为目的的大族，面对强大的皇权，不再抗争和平衡。那些太学的学生和在各地方讲学的学者，即使常常抗议，都不过是局外人而已。东汉的君权经常旁落：一般言之，皇帝年龄都偏小，以童稚之年接位，常常依靠外戚辅助；幼主长大，往往又依靠身边的宦官，排除外戚夺回政权。于是，东汉外戚和宦官轮流专政成为常事。

既然地方有这种豪族掌握权力和财富，他们对地方的政治当然有极大的发言权。原来的制度是回避本籍，派来地方服务的官员都来自他乡，他们必须依靠当地的人才辅助工作；主管和僚属之间，也有一定的平衡。现在豪族握有地方的控制权后，外来的官员只能一切仰地方豪族之鼻息。地方与中央之间，不再有互相制衡的机制——地方慢慢成为独立的单位。东汉末年，如果只是因为外戚和宦官的乱政，以原来的机制而言，国家不会很快就崩解。然而，正因为地方已经长期由豪族们据有，一旦中央发生权力真空，全国分崩离析在所难免。所以，汉室最后一次外戚与宦官的斗争，两败俱伤。军阀董卓进京，中央没有合法的政权，全国诸侯立刻纷纷起兵。那些地方势力的武力，就是由豪族提供，他们拥戴原来的州郡长官或者豪族中的领袖割据一方，逐鹿中原。三国的分崩，就是如此的局面。西汉帝国的结构特色是上下平衡、基础厚实。东汉逐渐丧失了这一特色，栋折梁摧，也就站不稳了。

东汉开始出现豪族，至三国时代，各地都有大族领导的地方势力。南北朝的时候，从北方南渡的汉人，或者以大族作为核心，成群向南迁移；或者在流民之中，出现一个领袖人才，号为“流民帅”，率领难民逃亡南方。中国北方，五胡分别立国，以至于北魏统一了北方，汉人都以地方的豪族为中心据守坞堡，村落连结，保乡自卫，维持半独立的局面。凡此，都是以人群为主，不同于汉朝是以地方社会为主。汉亡以后，国家机制不足，上述各种族群内部的秩序，不得不仰仗法律以外的伦理与习惯，维持内部安定。礼制之学，于是成为儒家思想的重要部分。三国魏晋以至南北朝，汉人的大姓都讲究礼学，这是在经世之学和考证之学之外另辟蹊径，礼学一时成为显学。那时，汉人社会确实仰仗儒学维持秩序，也延续了中国文化的一线香火。

从东汉到南北朝，中国文化又吸收了外来宗教的因素，发展了自己的宗教系统。从先秦到西汉，儒、道两家乃是中国意识形态的主流，两者都吸收阴阳五行之学，建构其宇宙论的形而上学。儒家的祖宗崇拜，行之于制度，就是慎终追远：这是从对生命的关注发展而来的信仰。道家的自然崇拜，则是对各种自然力的崇敬。儒道两者都是古老的信仰，前者有一些知道祭祀制度的祝宗，后者有一些作为人间与自然力媒介的巫觋，两者都没有完整的神学系统，也没有专业的神职人员撑起信仰的具体组织。儒道二家的“道”，也都不具有任何独占性，不会排斥其他信仰。

世界混乱失序之时，人心不安，常常必须找到依靠。儒、道二家，乃是由知识分子经过学习、研究，建构起的一定的价值观念系统，进而形成法律与制度。对于一般庶民百姓而言，这些大道理不足以抚慰惊惧不安的心灵。于是，外来的信仰颇有垫补不足的空间。最晚不会晚于东汉初年，佛教就进入了中国。不仅汉明帝梦中所见的金人被解释为西方的佛像，汉光武帝的王子楚王英本身就是佛教的信徒。而且四川乐山的崖墓和江苏孔望山的佛像，都是明白的证据，表明佛教在东汉初期就有相当的基础。四川和苏北的古迹，说明佛教传入中国，可能经由海、陆两途。

相当于汉代，中亚地区普遍信仰波斯发展而来的袄教[1]和"密特拉"（Mithras）[2]宗派信仰，到了三国以后，摩尼教[3]也出现了。这些都是启示性的宗教，包含"劫世"观念和救世主的盼望。这些信仰，也经过丝绸之路流入中国。由于上述中国儒、道两家的宽容和包含性，中国对外来的宗教并无抵制，而且启示信仰正好填入中国传统五德世运转移的观念。这些外来信仰，在中国一时还没有成气候，然而却启发了中国本土宗教的出现。

1 袄教，又称琐罗亚斯德教、拜火教，流行于古波斯及中亚等地，其创始人为琐罗亚斯德，生活年代为公元前7至前6世纪，袄教的经典为《阿维斯陀》。

2 密特拉教，由伊朗文化的密特拉崇拜发展而来的宗教，自公元前1世纪在罗马帝国开始传播，在391年颁布西奥多法令之后逐渐式微。

3 摩尼教，发源于古波斯萨珊王朝，由3世纪的摩尼创立，融合了佛教、袄教和基督教的教义。

东汉末年，太平道与五斗米道出现。太平道主张“苍天已死，黄天当立”，就是一种劫世的观念；《太平清领书》则主张人间地位的平等和财富的平均。五斗米道是以互助合作的方式来组织信徒，凡是信徒，均需捐纳五斗米，共同维持地方的秩序和救济。这些原始道教，本来和老庄道家并无关系，只是到了后来，道家学说被引入道教，作为形而上学的基础。固然，原始道教也和中国古代的巫觋传统不无关系，其教会的组织，信仰自然的神力，以及承诺从凡间解脱，都未尝不是受过佛教、袄教的启发，而后自辟途径，发展为新宗教。中国儒、道两家，在汉代都是知识分子的意识形态。有了上述新的宗教，一般的平民也有自己的信仰体系。

黄巾起事拉垮了东汉，晋代大规模的天师道之乱也严重地挑战了东晋的国家权威。佛教在南北朝时期普遍传播于中国，尤其是因为佛教是外来信仰，五胡也是外族入华，五胡君主同气呼应，对佛教特别垂青，颇予支持。五胡羌人的姚秦君主姚兴，曾供养鸠摩罗什翻译不少大乘经典。南北朝时期，李八百、弥勒、地藏等，都是民间信仰的救世主。整体言之，自从外来宗教进入中国，以及出现中国本土发展的教派，中国的文化面貌与此前迥然不同。到了唐代，各种宗教占据一定空间，可以说，本土的儒、道两家与外来的佛教，俨然鼎足而立。

经过文化和政治机制的衰变，西汉三足共同撑起的天下体制，只剩下全国经济网络还在互通有无，维持国家局面。

三国时代,三方势力都自称中央,实际上谁也不能管谁。可是,三国之间战争不断,而跨国的经济交流并没有停止,商贩跨越战线,照旧来往。三国故事中,羊祜和陆抗互相来往的佳话,和吕蒙白衣渡江袭击荆州的故事,都足以说明全国的经济交换网虽不如以前和平顺畅,却仍旧运作。中国“分久必合”的观念,就靠经济的交换网,呼应着全国一盘棋的构想。

三国以后,中国长期分裂,核心地带往往成为战场;而各处割据的势力,为了逐鹿中原,也都尽力发展自己的腹地,纷纷寻求更多的资源,集合更多的人力。于是,三国时代,蜀汉尽力开发了羌地和南中;东吴则在华中和东南地区,收罗山区的山越、宗部,既是扩张兵员,也是扩大税基;魏晋则在北方,开拓东北和北方的资源和人力。永嘉之乱以后,北方板荡,人口南迁。南朝不仅要容纳流亡人口,使他们能够维持生活,而且也以汉人的优势力量,强力吸收南方原居族群和早来的移民,将国家的行政力量深入到交通干道以外的山区和内地。北方五胡本身就是外人,他们进入中原,在北方注入大批外来的人口,也在斗争之中,一方面扩大自己的基础,消灭敌对力量,另一方面,他们也必须努力寻求与汉人的合作,胡汉之间逐渐融合,成为新的人口结构。北方和西北草原地带的资源,也流入中国范围内。

在这种新的形势下,整体而论,中国的总疆域更大了,能利用的资源也更为多样化。从经济方面看,战争固然毁灭了许多城市和农村,却也开拓了更多的可以生产的新地区。

在政治上，这一个破碎的地区，因为资源的多样化和地区性分散，发展了新的区间交换。由于整个中国地区并不统一，国家支持的货币无法流通，以至于必须依赖实物交换，方能有区间的流通互济。于是，中古前期的经济呈现“自然经济”的状态，至隋唐统一，才逐渐回到货币经济。自然经济有其局限性，然而这种经济状态不仅能够存在，而且各地都还能够维持一定的城市化，使城镇作为物产集散中心——凡此，正说明了中国各区之间互相依赖的程度并没有因为战争而减少。如前文所说，中国的道路网以及网上的经济交流，使分散的中国终于没有完全破裂成像欧洲一样的许多板块。等到情况有所改变，中国会再次统一。

最可注意者，当然是整个中国人口中不同族群的逐渐融合。如前文所述，三国时代的地方力量，都将原来置身于行政系统之外的人口纳入国家的管理之内。北方南下的移民，在永嘉之乱以后，成为开发南方的主要力量，南方土著“溪峒蛮獠”逐渐都同化于汉人。

至于北方的各种外族：东汉时代，匈奴逐渐衰败，南匈奴的部众和北匈奴的余部都向汉庭边界迁移，渗入汉庭边郡；北边的草原，又有新的族群移入，却并没有出现统一的游牧帝国。这些族群，例如东胡、乌桓和旧日匈奴，都不断介入中原的内战。三国时代，曹操就曾经威服乌桓，将其收为“乌桓骑兵”，这成为他的重要武力之一。这些乌桓军团后来驻屯中原，逐渐融入汉人。

东汉时，匈奴余部迁入美稷县，改游牧为农耕。其领袖改姓为“刘”，自称是汉代和亲的后人，后来成为“五胡乱华”进入中国的第一支力量，建立了汉赵[1]。东北的鲜卑从大兴安岭一波一波进入蒙古草原，然后转向中原。鲜卑族群在五胡之中人数最多，其中拓跋部统一了北方，建立北魏；其他一些鲜卑族群，也曾经各别割据地盘、建立政权。最晚进入草原的一支，远征西北的贺兰山区，和当地的土著党项族联合建立了后世的西夏。

中国西边的氐和羌，可能都是藏缅语系的草原民族。在东汉时代，他们曾经是西边的边患；三国时代，却与蜀汉合作，逐渐汉化。“五胡乱华”时，氐、羌分别进入中原，建立不同的政权。其中，苻秦一度几乎统一了北方，而且曾经以将近百万之师进攻东晋，如果不是淝水之败，苻秦有可能统一中国。这些政权都与当地的汉人大族有对抗、有合作，吸收汉人的人才，沿袭汉人制度，以帮助他们治国。他们的君主称号，通常是兼用大单于和皇帝两个衔号，象征他们是二元的君主。

五胡之中，比较特别的是羯人。他们的来源至今还是学者们讨论的问题：有人认为，羯人乃是匈奴的别部；有人（例如余太山）主张，羯人乃是东方的白种人，原居地在西域南部，

1 西晋末年，刘渊趁乱起兵，在308年称帝，国号为“汉”，史称“刘汉”，至318年刘曜即位，次年改国号为“赵”，为别于石勒的后赵，史称为“前赵”，或合称为“汉赵”。

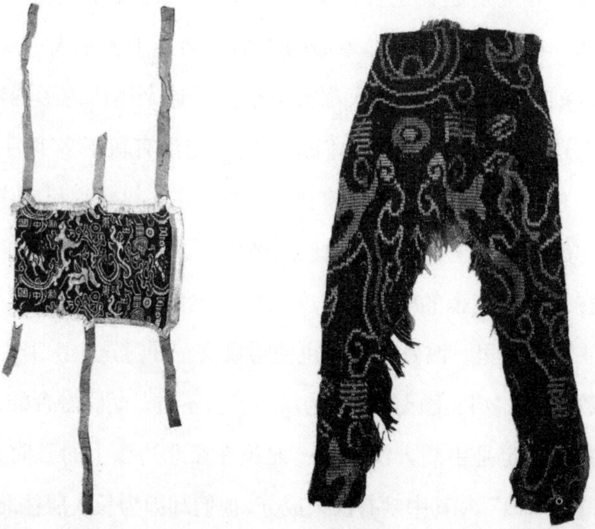

“五星出东方利中国”织锦护臂、“讨南羌”织锦残片（新疆民丰尼雅遗址出土，现藏新疆博物馆）。两件织锦为同件织物，织文可连续。五星指的是金、木、水、火、土五大行星，据《史记·天官书》记载：“五星分天之中，积于东方，中国利。”

是吐火罗语系[1]的人群。羯人石勒从小被人掠卖为奴，在乱世起家，建立后赵，也曾经威风一时。后来，他的继承者非常残暴，引起汉人革命，革命的领袖冉闵几乎将羯人灭尽。据说，深目、高鼻、多须的人都被杀了。从这个体质的形容看来，羯人还真可能是白人。他们也真的可能没有留下多少后裔。

总而言之，这些五胡建立的政权，在人口数量和文化水平上，都不能和汉人相比，他们逐渐融入了中国。最主要的努力是在北魏孝文帝的时代，孝文帝推行全盘汉化，解散了部落，改族群为乡里，改姓汉姓，也使用汉文。经过这一次努力，大多数的胡人实际上已经同化为汉人了。不过，胡汉融合的方向，也并不一定是由胡人汉化——北魏在东北边疆上的驻防部队，所谓“六镇”[2]，其中颇有汉人成分，他们却因为长久居住北方而彻底胡化。在北魏汉化后，六镇颇受歧视。尔朱荣率领六镇反攻中原，北魏统治阶级一度回归胡人文化。六镇将领分别建立了北齐和北周，这两个政权经过反复数次的由胡化汉和由汉化胡，终于还是全部汉化。后世隋、唐的皇室，就是北周六镇将领的后代。

因此，从东汉末年开始到隋唐统一的约四百年间，中国这块土地上的人民，吸收了数百万外来的基因。在北方草原

---

1 吐火罗语，属于印欧语系最东方的一支，一般分为甲种（焉耆语）和乙种（龟兹语），主要流行于6至9世纪。

2 六镇，指沃野、怀朔、武川、抚冥、柔玄、怀荒，是北魏前期在都城平城以北的边境设置的六个军镇。

西部的匈奴和草原东部的鲜卑，加上西北的氐、羌和来自西域的羯人，将亚洲北支的人口融入中国的庞大基因库中。而在南方，百越和其他原居民（例如蛮、苗），以及西南部的藏缅语系与南亚语系的原居民，都被从中原扩散的大批汉人同化为南方的中国人。不可避免，也有一些汉人在战乱之中流散到其他地方；有不少人口，流入朝鲜半岛和日本的九州岛。南方的汉人（例如交州的汉人）则留在当地，甚至扩散到马来半岛和东南岛屿，成为当地的居民。

这约四百年的过程，是东亚地区人种大融合的时代。人种混合的过程，都发生于扰乱分裂的中国。在北面和西北的草原上，留在后面的一些小部族，在草原人口减少以后又逐渐茁壮，形成新的族群，例如突厥、契丹、昭武九姓等。隋唐以后，这些新起的族群又会和中国的庞大人口互相激荡，构成另外一波的接触、冲突、交流与融合。秦汉中国天下国家的体制，经过这番衰败和重组，添加了不少外来基因。秦汉中国地区的人类组织，包括国家、亲缘和地缘族群，以及他们的文化成分，无不经历蜕变，形成另一形态的复杂系统。

第七章

隋唐的天下国家

从三国到南北朝的三百多年，中国处于分裂状态。这一个时期，据气象学家的研究，正是亚洲北方大陆寒冷的时期。有人以为，这时候，草原上的民族生活不易，于是大批南侵，渗入中原。隋唐开始，也正是亚洲北方回暖的时期，草原上出现了强大的突厥。其号令所及，东到今天西伯利亚东端的海岸，西到阿姆河流域，乃是继匈奴以后最庞大的一个草原强国。突厥的起源地是在蒙古高原的西边金山地区，除了游牧，突厥人善于利用当地的铁矿铸造铁器。蒙古高原西南方水源丰富，也是农牧两宜的地方。因此，突厥人与匈奴相比，掌握更多的资源，也能发挥更大的力量。隋唐在建国之初对突厥人都要容让三分，甚至待之以优厚的条件，以便在逐鹿中原的时候取得突厥人的合作。

隋唐的帝室都是北周将领的后代，最初的根源都是尔朱荣率领的六镇军人，其中包括胡人和汉人，即使是汉人，也已经相当程度地胡化。这个军事集团的领袖们，几乎家家都是胡汉通婚，所以隋唐帝室都是兼有胡汉的血统。在隋代取得中国南朝领土以前，六镇集团的行为仍旧保持强烈的胡风。整体来讲，唐代的君主传统，不论生活习惯还是族群观念，其实并不符合汉文化的模式。例如，他们的婚姻关系，在中原汉人看来相当混乱，子烝父妾，兄弟相残，亲戚杀戮如仇人。至于女主掌权，武则天就是最著名的例子，如此行为，在汉人看来，就是胡人作风。所以，隋唐的中国与各方胡人的交往，远比汉代的胡汉之间亲密。

唐代政权的政府组织，不如汉代严整。可能是因为隋唐本来就延续征服皇朝的发展路线，政权合法性就在于武力控制。北周将领的家族构成统治阶层的核心，再加上隋唐合并了南朝，南朝本来就是以世族统治为基础，于是隋唐的政府结构，基本上建立在胡、汉大族的支持上，然后加上一些南朝发展而来的文官系统。唐代的世族政治，至少从高祖、太宗维持到武则天。武则天政权开始吸纳不在世族圈子里的人才。一般人以为，武则天开始科举制度，整体改变了唐代的政治特性。其实，即使在武则天以后，科举出身的进士还是以大族的子弟为多。唐代的科举并未制度化，权贵的赏识、人情的关说以及候选人本身的声名，都足以将进士候选人送入文官体系。无论是世族子弟还是进士出身，其具有的品行、能力和学问，都未必是担任文官的条件。唐代文官整体的素质，确实是不如汉代察举所得的贤才。到了唐末，世族力量的衰弱，并不是由于科举进士的抬头，毋宁说武人参政对其产生的影响更大。著名的牛李党争[1]，一般被看作世族和进士之间的斗争，可能也并非如此绝对。

北朝是征服皇朝，基本上没有文官体制；隋唐的文官系统，是从南朝继承而来。南方六朝的许多制度都是因陋就简，并不完全是合理的制度。隋唐继承南朝传统，在文官制度上也是非常混乱。唐代官制，一个官员的职称包括等级、职位、荣誉、勋位、派遣、兼任等，不像汉代制度，一个官员担任一个官职。而且，地方有较多的自主权；尤其天宝以后，地方权力坐大，地方大吏可以封拜中央官职。例如杜甫，他的工部员外郎职位，乃是剑南节度使严武承旨封拜，杜甫从未在京任职。整体来讲，唐代官员人数众多，还要加上一些外族领袖的虚衔官。唐中叶以后的政府官员，较之唐初，增加人数可能不下十倍。这样的体制，运作不会很顺畅，中央的号令更未必能在地方层次有效执行。

唐代地方制度，也与汉代的郡县体制并不相同。隋唐先后统一中国，在平定的过程中，某一路的军事常有“某某道总管”的名称，意指这一战线的统帅。唐代政治体制原来只

1　牛李党争，从唐宪宗时期开始，以牛僧孺为首领的牛党，和以李德裕为领袖的李党，相互倾轧、争权，至唐宣宗时期才告结束。

有州、县两个层次，但是后来，却在州之上又加了“某某道”的“观察使”或者“节度使”，还是延续开国之初军事行动的“道”。开国不久，唐代规划了若干“道”，例如“山南东道”“山南西道”“剑南道”等名称依次出现。这种安排，与汉代的州表达了不同的观念。“州”是空间控制，“道”是线形的开展。在唐代，“道”的职掌很重要的一部分，是将各地的资源，例如税收的绢帛和谷米，经过该道的转运使，转输中央或者指定的地区。“条条大道通长安”——“道”的体制，实质上就是中央控制天下的网络。这些“道”的名称，到今天还存在于中国的省名，例如山东、山西、河南、河北、江西、湖南、湖北等。宋代只是将“道”改成“路”，其规划还是延续唐代的诸道。“羁縻州县”的“羁縻”两字，也未尝不是表达一个线性的联系。

唐代对于处理边陲外族的关系，有其特殊的制度。唐太宗即位后，唐朝力量强大，突厥也不能不向唐朝低头。唐太宗与突厥会盟时，被奉为“天可汗”。上一章说过，北朝的胡人君主，都有大单于和汉人皇帝的双重身份。唐太宗其实也就是继承同样的传统，一身兼中国大皇帝和草原天可汗。在“回纥以南，突厥以北”有特辟的交通路线引向长安，号称“参天可汗道”。中国的州县，除了内地是实际统治的部分，在西、北、东三方面，都有所谓“羁縻州县”。这些地方的领袖，有“大都督”“大都护”这一类的名称，甚至还加上唐室中央政府的官衔，它们乃是名义上属于大唐统治的疆域，实际

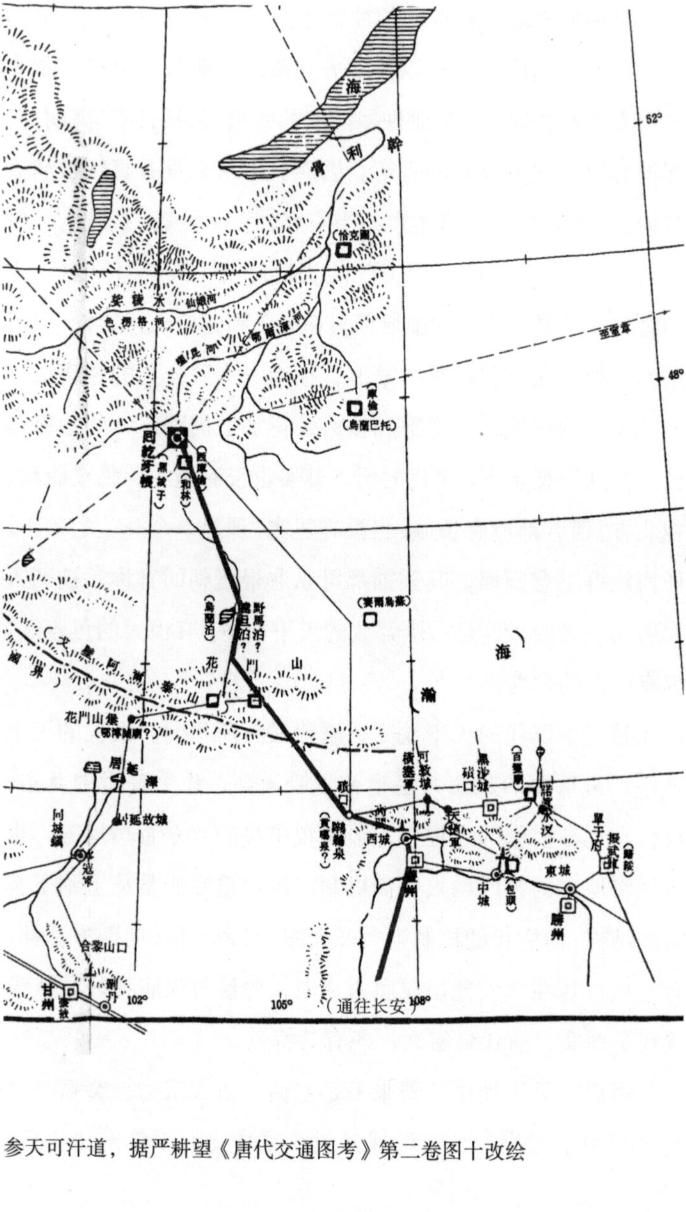

参天可汗道，据严耕望《唐代交通图考》第二卷图十改绘

上还是由原来地方族群的领袖管理。

这些“羁縻州县”以西北方向最多，唐代州县中，很多是西方的羁縻单位。东亚许多国家的领袖，包括日本、高丽等，都拥有唐代地方官职的官衔。固然日本从来没有真正被唐人统治过，而且唐室对日本也相当宽容，但日本实际执政的“将军”，一直带着“倭国国王”的头衔以及“大都督”这一类的官称。于是，唐代的疆域西过葱岭，到达今天阿富汗一带，东到大海，北方包括整个草原，往南一直到今天的越南。这一个庞大的疆域，有本部和核心，再加上周围广大的边缘地区。在这种观念下，唐代的天下其实也没有边界。整个唐代，在北方、西方都没有长城，也没有边塞，那是一个开放的领土。任何族群愿意归属，其领袖都可以取得唐朝的官称，被列入大唐天下之内。这是一个开放的天下秩序，有极大的包容性，也有极大的弹性。

相对于汉代的天下秩序，唐代又有所不同。汉代的天下秩序，最重要的观念乃是皇帝承受天命，作为普世的共主。汉代在逐渐扩张的过程中，很重视中央的号令直达地方，也重视将地方的俊彦纳入统治机制。汉代重视的是从上到下坚实的结构，而唐代的机制则大开大阖，来者不拒，向四方延伸。有一次，我在西安凭吊汉唐古迹时，曾经将汉唐比较，认为汉代是厚实，唐代是宏大，各有其特色。

唐代的天下秩序，看来不是空话。唐太宗时，突厥与唐朝之间和平相处，长城沿线并无严重冲突，不仅南北贸易，而且西东之间，也在这一线频繁来往。各处族群，在这一农牧交界处混合居住。安禄山就是营州混血的“杂胡”，在发迹以前，因为通多种语言而经营区间商业。安禄山担任河北的节度使，其部下是胡汉各种族群的混合；他的精锐“曳落河”，更是以胡人为主的勇士。安史之乱乃是唐代盛衰的转捩点，从此以后，河北藩镇形同化外，整个地区彻底胡化。契丹兴起后，取得后晋割让的燕云十六州。即使宋代统一中国本部，但从西部的关陇到东部的燕云，包括河北大部，都不在汉人中国疆域之内。这一大片土地，胡化大于汉化。辽、西夏、金，都是在这一形势下长期立国。这是胡汉混合的一个方式。

另一方式，则是在华胡人的汉化。中唐以后，恰是伊斯兰文明大为膨胀的时期，中亚一带波斯帝国的故土，纷纷为伊斯兰的阿拔斯王朝[1]并吞。唐代安西四镇节度使高仙芝，原籍是高丽，率领唐室军队驻屯在今天中亚的河中地区(transoxiana)，与阿拔斯帝国的大军对垒。751年，唐室军队竟大败于怛罗斯河。唐室在中亚的控制力一落千丈。波斯王室余众和当地族群的统治阶层，甚至于整个的族群，在受伊斯兰侵略之后纷纷逃入中国。唐代政府一次又一次安顿这些从羁縻州府逃亡的族群：最初将他们安置在陇西，然后放

1　阿拔斯王朝，中国史书称之为“黑衣大食”，是阿拉伯帝国继倭马亚王朝之后的第二个王朝，始于750年，至1258年蒙古第三次西征时灭亡。

在今日的关中西部，然后又不得不打开山西地区，最后甚至于开放山东，让这些迁入唐朝中国的西部胡人居住。从开元、天宝到唐末百余年来，先后迁移入华的族群，总人数不亚于三五百万，他们在唐朝中国休养生息。唐末时，胡人的总数可能到达千万上下。这些族群之中，最著名的乃是讲粟特语的胡人，他们原本是来往唐朝中国与西域的商人，在西边大乱之后，便纷纷落户定居。例如沙陀，乃是昭武九姓之后，一个一个部落整批进入唐朝中国。定居在山西的沙陀人，在五代十国中，至少占了两个半政权——这就是唐代天下秩序的特色：胡人归属唐朝中国，乃是回归一个开放性的秩序。

大唐帝国编织了一个绵密的驿站系统，符合“道”的观念，将各地的交通纳入一个网络。这些驿站有官驿，负责递送官家的物资以及传递官方的文书;来往官员，也在这些驿站投宿歇夜、换车换马。在官方驿站的附近，都有民间经营的旅舍和车马行。唐代的诗文往往提到驿站歇店的情形。这些旅舍，无论是官方还是民间的，不仅供给住宿和休息，也提供车马在下一站倒换，很像今天租车旅行的情形。旅客可以租一匹小驴或是一匹壮马，行道千里，无所障碍。杜甫就说过，在开元全盛的时候，全国的小城镇物资丰富，踏上千里旅途的人，不用带粮食，也不用担心交通工具。不仅内地，即使在远地——如西域，根据今天发现的一些唐代文书的记载，也还有这种驿站网络。固然，自秦代开始，中国就有驰道的网络，汉代也有官方的驿站，可是像唐代这样规模的、官家和百姓都能使用的交通网，却是少见。

唐代物资的流转十分方便，当然也就刺激了区间物产的流通，对于经济极有裨益。数百年战乱之后，唐代的安定、与民休息和经济的发达，可谓互为因果。单以对外贸易而言，不仅有向西的路线——所谓“丝绸之路”——运送外销的丝帛，在东向、南向的海道上，也开辟了中外贸易的航道。东路跨海，唐和日本之间交通，人员和商货来往不绝，日本大量接受唐代文化，也将日本的经济相当程度地连接于唐朝的经济圈内。南向沿着马来半岛和南海岛屿，进入印度洋，既可以和伊斯兰世界——所谓“大食”地区——交通，也可以直达红海，甚至远及非洲沿岸，各国商舶来往，运去瓷器、丝帛，运来珍宝、香料。广州、泉州、扬州，都曾经有不少胡贾经商，甚至有胡人居住的“蕃坊”。唐末黄巢进攻广州时，当地的胡人竟有十余万人之众。

汉代的时候，中亚、内亚各地以“汉人”的称呼代替了过去的“秦人”[1]。在南方一路，唐代以后中国人的称号就是“唐人”，这一名称延续到今天。宋代以后，南洋一带还是称中国人为“唐人”，甚至于今天美国的华侨商业区，还是自称为“唐人街”。

深受胡化的唐代，在中国文化的基础上，接受了许多外来的成分。先以日常生活方面来说，唐代的饮食起居乃是总

1　中亚／内亚各地，在汉代以后，还曾经称中国为“桃花石”。这一名词的原义，今日学界还没有定论。

三彩骆驼载乐俑（陕西西安鲜于庭诲墓出土，现藏中国国家博物馆）。唐代墓葬中经常出土三彩骆驼，反映了西域文化经由丝绸之路对中原产生的有力渗透

唐代前期，人们比较欣赏胡服，男、女皆有穿胡服、戴胡帽者，胡帽的样式更是多种多样（引自孙机《中国古舆服论丛》，2013 年，第 226 页）

结了南北朝时候的汉、胡分野，整合为新的方式。南朝以前，汉人的居住方式，是以席铺地、凭案而坐，北方则有所谓“胡床”（折叠椅）和地毯。服装方面，汉服是宽袍大袖、斜襟束带，唐代则从胡服演变成为窄袖、瘦腰、翻领、着靴，外面再披上一件长衣。女子服装更是多姿多彩，很像今天的洋装，暴露部分远比汉装为多。饮食方面，南方的茶和北方的酪，都成为常用的饮品；肉类的消费，比汉代为多，南方的鱼虾，也在北方上桌。今日所有食物，尤其香料，带“胡”字的，例如胡椒，都是从外面引入。休闲的音乐舞蹈更是高度胡化，在中国传统的箫、笛、钟、鼓的基础上，加了许多弦乐器，例如箜篌、琵琶、胡琴等。旋转活泼的胡舞，不论男女都很喜爱。印度的数学和医学，中亚的天文学，都纳入中国文化的系统之内。唐代文化的接受能力，可能是中国历来最强的。

更为重要的，则是文化的理念部分。唐代儒家在前期并没有特殊的发展，至韩愈以后，儒学才有新动力和新方向。中国接受各种外来信仰，是唐代出现的重要现象。早在南北朝时期，中国就大规模地接受了佛教。虽然佛教在华发展，经过了北魏、北周、唐代、后周“三武一宗”[1]法难的迫害，究竟都只是短期灾难，为时不过数年，佛教终究弥漫全国。

中国本土产生的道教，与外来的佛教互相交叉，两者都

1 三武一宗，指中国历史上由皇帝发起的四次大规模毁灭佛法的事件，分别是在北魏太武帝、北周武帝、唐武宗和后周世宗时期。

有关键性的整合与开展。在唐代，佛教整体华化，汉传佛教自成系统，而且由此传播到日本、朝鲜和中南半岛。在西北的高原地带，藏传佛教也逐渐成形，并且于此时逐渐扩散到中国的西南部。相对而言，在佛教的母国印度，改革的印度教压倒了佛教，以至于南传佛教并不存在于印度本土。伊斯兰兴起以后，在中亚和内亚地区，佛教被伊斯兰教代替，佛教再无存在的空间。在这个意义上说，佛教移植于中国，可说是接枝成长，蔚成繁林。尤其净土宗和禅宗，都在唐代成长为重要的宗派。道教，如前所说，与佛教交叉影响，也在唐代成为中国民间的主要本土宗教。

中亚和内亚的袄教、摩尼教和基督教的景教（聂斯托利派），都跟着胡人的足迹进入中国。在中国，这些教派并没有真正地以原来面目存留于唐代以后。他们的影响，毋宁是被中国的民间信仰吸收，演化为中国的许多启示性教派，例如宋代方腊的“吃菜事魔”教派[1]和元明两代的白莲教，等等。道教的宗派，尤其吸收了不少外来宗教的观念和仪式。唐代的知识分子，并不完全属于传统的儒家，他们的观念以及交往的朋友，颇以佛教或道教为主体，儒家只是陪衬而已。经过唐代的涵蕴和演化，这些宗教系统互相影响，构成了中国特殊的“众教合一”传统。伊斯兰教也由胡商传入中国，在

1　“吃菜事魔”教派，是宋代盛行的一种大众信仰，也有学者把它归属于摩尼教。方腊起义后期，得到吕师囊和仇道人等事魔教派之人的响应和支持，但是，目前学界关于方腊是否属于“吃菜事魔”教的首领，仍有争议。

广州、泉州、扬州和关中等处，都有伊斯兰的信徒，也有相当规模的教堂。不过，伊斯兰教的信徒很少和其他教派来往，更不论彼此影响以至于形成另外一个华化的伊斯兰教派。相对而言，中亚、内亚发展的启示性信仰，并没有改变伊斯兰教独一尊神信仰的独断，也没有对欧洲基督教（分裂为东正教和天主教）的独一尊神信仰有所影响，以致今日中东、内亚不断有宗教仇视和斗争。唐代对于宗教的宽容和包涵，也反映了唐代文化宏大的气象。

唐代人口，从前面叙述可知，在汉代到南北朝之间的汉人基础上，增加了许多外来的成分——北方的胡人、中亚和内亚的外族，都消融在“中国人”之内。广大的南方和西南部山陵之中，本来还有一些原居民的聚落，在唐代都经过迁移和混合，中南部和华南基本上已不再有大群的原居民可见了。只是，西南部的山陵之中，汉代所谓“西南夷”的子孙，有相当多还存在。不过，这些原居民也大量吸纳了中国文化的影响，有些族群可能还保留服装的特色，但大部分的原居民已经很难在外表上看得出和汉人的不同处。

因此，回顾绪论所说，来自非洲的“现代人类”基因，在进入东方的几条路线上，本来可能各有一些特色。但经过唐代的吸收和混合，无论沿海东上、由南北上和北方向东的几支古代基因，都已经混合为“中国人”。当然，黄河流域、长江流域和南方沿海，直到今天，居民的基因还有一些地方性差异。唐代可以说是大融合的时代。

中国皇朝，向来以汉、唐为最重要的时代。假如借用佛家“成、住、坏、空”的说法:汉代是充实华夏，完成“中国”本体的“成”；唐代则是取精用宏、开展性的“大成”。人类历史上,许多地区都有过“盛世”,往往在极盛巅峰开始下降。在此以后，又往往有一段过程，该一复杂系统逐渐固定、僵化，而逐渐衰败。唐代的巅峰是在玄宗开元年间，天宝以后，安史乱起，唐代逐渐过了升降交点。根据佛家所谓“成、住、坏、空”四个阶段,唐代的“大成”之后,应是“住”的阶段:巅峰在此，下坡也在此开始。

第八章

辽、宋、西夏和金的时代

紧接着上一章，唐代中国文化圈的“大成”，经过了唐宋转变，来到“住”的阶段——盛夏已过，风将转向。

中国传统的王朝叙事只以宋代作为中国的朝代，而将辽、西夏和金放在中国的历史圈外。如果只是以宋作为中国史的全体，其实并不完整。宋的疆域也并没有涵盖汉唐的全部疆域。汉唐底定的中国，除了包括北面和东北的辽、金，西北的西夏，实际上还有唐代曾经非常强盛的吐蕃和藏化的南诏。如果只以宋代表中国，那么宋所处的情况是列国制度，不是一统天下。自从日本的汉学家内藤湖南提出唐宋变革论[1]的课

1　唐宋变革论，最早由内藤湖南提出，宫崎市定进一步阐发，认为唐宋之际，在政治、经济、社会、文化等方面都发生了显著的变化，至宋代时社会已呈现出一片崭新的面貌，进入近世阶段。

题，至今研究中国史的学者还在不断讨论其具体意义。这些讨论往往不太顾及宋已经不是全面的中国，也很少有人会注意，唐宋转换的过程之中，中亚出现的伊斯兰力量，对东亚的列国情势和文化面貌有多大的影响。

海峡两岸的历史学，对于这一段，还是以辽宋夏金元作为一个单位。只是，经常处理的问题不外乎胡化、汉化，和南北之间的战争与征服；几个北方单位，并不常常被认为是历史主体的一部分。在这一章，我们考察的角度，则是将这几个单位合在一起，把它看作东亚的主要部分。

唐宋转变，牵扯的不仅是国家层次的主权问题，也牵扯到文化的演变和不同地区文化的面貌。要论这个大转变，不能只将残唐五代当作其间的过渡期。唐代的变化，要从安史之乱开始。让我们借用《长生殿》作譬喻：开元、天宝由极盛而至大乱，唐明皇和杨贵妃由“太液”“芙蓉”，一落为“魂销马嵬”“剑阁闻铃”，俄顷之间，“小宴”的欢乐，却被“渔阳鼙鼓”打乱了一切。

安史之乱作战的范围，西起朔方，东到燕山。河北的叛军是诸种胡人和汉人的军士，唐室派遣的军队又何尝不是胡汉多种方式的混合？早期的将领，如哥舒翰、高仙芝、封常清，以及后期的将领，如仆固怀恩，都是不同种族的胡人。和郭子仪齐名的李光弼，本身也是胡人，他带领的河东军，又何尝不是胡汉混合的军队？唐室拉来的外援——回鹘与吐蕃的军队，帮助唐室收复了许多城市。唐室承诺的条件，则是将

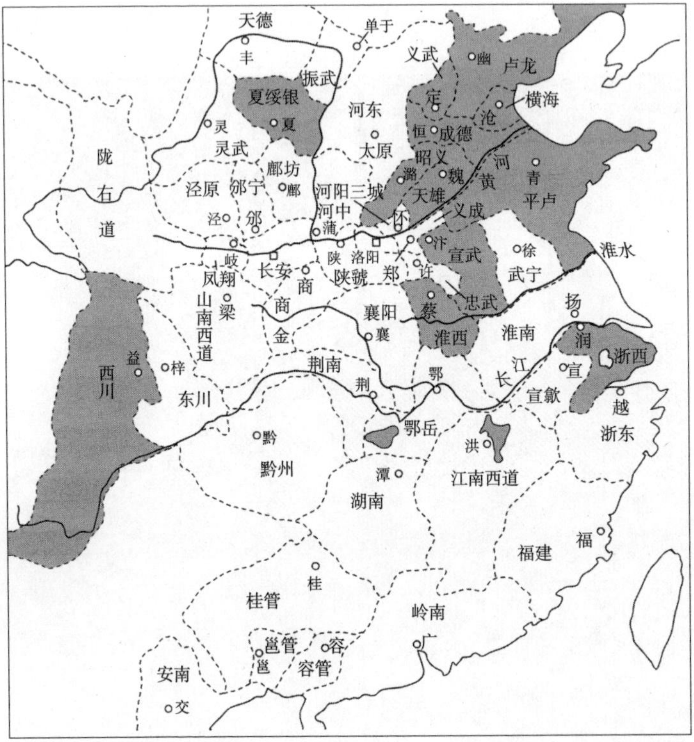

唐代藩镇图（引自气贺泽保规《绚烂的世界帝国——隋唐时代》，2014 年，第 134 页）

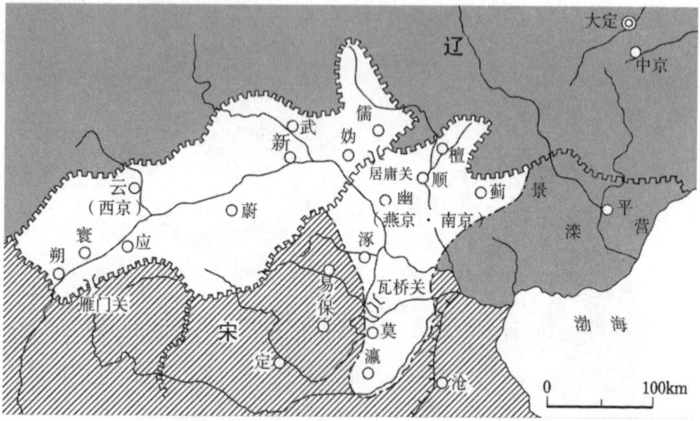

燕云十六州略图（引自小岛毅《中国思想与宗教的奔流——宋朝》,2014 年,第 36 页）

土地还给唐室，子女金帛由他们带去。这几十年来的扰攘，导致关陇、河北之间兵戈不断，城市破坏，百姓流散，中原从此一蹶不振。中国的文化和经济中心，因此完全转向南方。这一地区的人口成分，也有相当彻底的变化——东北、西北和北方的各种胡人都留下了他们的基因，和当地的汉人混合，形成后来华北的族群。

安史之乱后，河北藩镇形同独立。五代时，石敬瑭割让燕云十六州，这一片土地，直到明代才恢复为汉人的疆土。从安史之时到明初，整整有六百多年，这片土地本来是中原的一部分，却成为北方政权的基地。契丹和女真先后以河北为南土，加上北方的草原，建构起庞大的国家。西北的唐古特[1]，在南北朝的晚期已经接受了从东北来的鲜卑，在今天黄河第一曲的地方另成力量，最后独立为西夏。契丹人建立的辽，女真族建立的金，和唐古特人建立的夏，在中亚人的口中都被称为“桃花石”。直到今天，俄罗斯和东欧一般对“中国”的称呼，还是“契丹”。南方的宋国，则是另一个“桃花石”，甚至于辽国灭亡后，迁移到中亚的西辽，也是一个“桃花石”。因此，东亚各国固然有彼此间的分野，从中亚的角度看来，这一大片地方却并不是仅由“中国”两个字就可以代表的。

和东亚诸国抗争的，唐代以来则是回鹘和吐蕃。唐代以后，阿拉伯兴起的伊斯兰大帝国占领中亚的大部分，回鹘也

1 唐古特，是突厥、蒙古人对西夏或党项族的称谓。

终于伊斯兰化，欧亚大陆上出现了三角关系：东亚各国（桃花石），藏传佛教据有的吐蕃，伊斯兰化的中亚地区（这里的袄教、摩尼教、北传佛教等的影响，都已经被伊斯兰教取代了）。中国与西边贸易的传统“丝绸之路”，除了过去经过河西走廊进入南疆的路线，更重要的交通线，则是经过蒙古高原的西南边，进入西伯利亚南部和北疆的一条大路。中国南方出产的丝帛和瓷器，一方面可以经过这条路线，由辽和西夏转递到中亚，另外一方面则是走海路，经过南海诸岛、印度尖端的锡兰，然后进入红海和波斯湾。从东西贸易而言，西方只知道这些货品是从东亚的大陆来的，他们并不在意那里是几个中国，或是几个“桃花石”。在他们心目之中，东方最大国家是庞大的辽国——也就是契丹，其疆域东到海滨，西过金山，掌握了最大部分的北区路线。中间又有一条偏南支线，经过西夏的黑水，进出北疆。这两个国家，因此成为“东方”广大地区的代名词，代替了过去的“汉”和“唐”。

辽和西夏，与宋代中国时战时和。我们必须了解，这两个政权与宋之间的关系，并不同于过去的匈奴、突厥与中原王朝之间的关系。他们并不志在侵入宋、取得土地，他们主要的要求是宋朝送纳丝帛和银钱。这些丝帛，大概也成为商品，被转运到西方谋取利润。因此，宋代对北方政权，并不常常以战、守为选项，而是以缴纳岁币来购买和平。宋、辽之间还有南海香料的转运，将南海诸岛出产的各种香料，经过辽运往西方——辽获得的是中转利润。日本和高丽那时没有在东西贸易的舞台上扮演重要的角色，不过，他们和宋之间也有商品的来往。高丽也常常承担日本和宋之间的中转贸易。至于宋和回鹘、吐蕃等之间的关系，河西和陇右具有重要的转运作用。宋已经没有可以养马的地方，必须经过西方这条道路购买草原上的马匹。对宋而言，战马不够，和平的贸易却使双方都可获利。从这些角度来看，我的讨论角度就和单纯的汉族民族主义、正统主义的传统看法，有相当的差异。

吐蕃的情形，又与北方诸政权不同。唐代晚期吐蕃强盛，正是在大唐衰微之时。唐、蕃之间的冲突，是晚唐重要的边防问题，双方时战时和。吐蕃曾经掠取大批的汉人，驱赶他们入蕃，来补充人口的不足，今天的西藏人口因此已经有相当强大的汉人基因在内。吐蕃的领土西向延伸到今天的阿富汗和巴基斯坦一带，是当时中亚和内亚的强大政权。稍后，由于伊斯兰集团的对抗，吐蕃逐渐丧失喜马拉雅山以西的领土。凭借着藏传佛教的力量，吐蕃的影响力转向东南亚一带和中国的西南部——例如云南的南诏。吐蕃和宋之间，由于有这些中间地带起绝缘作用，反而没有发生尖锐的冲突。

宋自居是中国正统，可是，眼看着四周的邻邦都比自己强大，甚至人口仅有数百万的西夏，由于兵强马壮，也不是宋能够抵御的。开国之时，宋太祖担忧大将拥兵自重，就像他自己一样可以随时取代皇位，于是杯酒释兵权，宋室解除武人篡位的危机。宋因此重文轻武，武备不振。如前文所说，宋的周边，能够养马的地方都已经属于契丹或西夏，那个时代，没有马匹就不可能有强大的军力。虽然自居为正统，宋终于无法不向四邻低头，每年以岁币交换和平。真要论经济价值，一年花上一些财帛换来和平，省下了养兵和作战的费用，其实也相当值得。不过，宋损失了尊严，也没有自卫的主动能力，这是宋开国以来就必须面对的两难之局。两宋三百多年，始终无法脱开这魔咒。

若论文化的高下，辽国和西夏都相当程度地接受了中原的文化。在生活方式上虽有南、北之分——例如，北方多用乳和酪，南方只是饮茶；在其他方面，尤其日常的工艺，从考古的资料看，这两个北方的胡人政权持有的水平并不低于宋，无论是瓷器、冶金、编织、建筑等，都达到了与当时宋同样的精密程度。西夏的钢剑锋利无比，东方称最。两个北方政权的医术和算术，由于接受唐代已经综合的东、西传统，而且颇已普及民间，其水平也不下于宋人。辽和西夏的知识分子所接受的教育，也是中国传统的典籍。从他们的著作看，水平也不低下。辽与西夏各自创造了自己的书写文字，借用汉字部首来书写拼音文字。辽文（契丹文）还有大字、小字两种文字，各有特定用途。

南北相比，只是宋的都市化比北方政权高出一筹。毕竟，北方两个政权还是一半以牧养为生，一半才是农耕和城居；而宋完全是精耕农业，配合市场经济和区间贸易，构成一个绵密的商品经济的交换网络。

政治制度方面，辽的政府结构是二元的——契丹人的贵

宝山 2 号辽墓壁画《寄锦图》（内蒙古赤峰市阿鲁科尔沁旗宝山村）。墓葬的墓主虽为辽代契丹贵族，但是这些壁画的题材和风格都显示出唐五代汉地的艺术色彩（参见孙建华、杨星宇《大辽公主——陈国公主墓发掘纪实》，2008 年，第 76 页）

契丹大字是由辽太祖于神册五年（920）命耶律突吕不和耶律鲁不古创制的一种“以（汉字）隶书之增损之”而成的文字。《耶律习涅墓志》使用契丹大字，又称“大横帐节度副使墓志”，发现于内蒙古自治区赤峰市巴林左旗（见《考古》1991 年第 4 期）。耶律习涅是四帐皇族之后，《辽史》无传

契丹小字，是创制契丹大字之后不久，耶律阿保机的弟弟耶律迭剌在回鹘使者的启发下创制的一种“数少而该贯”的文字。《大金皇弟都统经略郎君行记》使用契丹小字（见《黑龙江文物丛刊》1983 年第 3 期），金代天会十二年（1134），刻于陕西省乾县唐乾陵前的“无字碑”上，由于有对译的汉文，因此成为解读契丹小字的重要依据

族和其他归附契丹的游牧族群，占有偏北的牧地；本来属于中国的偏南地区，汉人居住在都市和村落里，以农业和商业谋生。因此，辽的统治体制分为南北两部：北院管理胡人，南院管理汉人。而且，有些汉人居住的城镇被划为某些贵族的领地——例如，皇后、王子、皇亲都可能得到一些采邑，供养他们的日常生活。政权组织是一个战斗体，胡人是服兵役的主体，汉人不过是附属的差役——在军中，胡、汉地位完全不同。如此安排的两级制，当然引起北方地区汉人极度的不安与不满。偏近南北边界的一些汉人组织为地方性的武力，据地自保。他们有些是民间自卫组织的制度化，也有些是前朝边防部队的延续。这些地方武力，在金、元占领北方时，还有若干地方军阀以“汉军元帅”的身份存在，保持半独立的地位。

西夏相比于辽，地小人少，正因为如此，居于统治地位的胡人，和他们域内的汉人居民，其社会地位存在更大的差距。西夏内部族群的不平等，较之辽情形更为严重。如此族群分歧，终于孕育了北方汉人的族群意识。

北方的汉人发展了族群意识，宋人立国的尴尬地位，也使宋人重新思考胡汉之间的差别。大唐开阔的胸襟，本来是远悦远来、来者不拒。在天可汗加大皇帝的格局下，胡汉之间并没有严重的阶级差别。唐代接纳各种外来的思想和信仰，已如前章所述，袄教、摩尼教、佛教等和中国原有的道教、儒家并存，中国并不需要特别标榜本土的文化特色。也因此，这些外来的信仰和思想，在唐代可以相当自由地混合、重组，构成新的体系。佛教就是最好的例子，唐代佛教华化，东土佛教实际上已经不同于印度的原始佛教，也不同于南传和中亚的佛教。

安史之乱以后，唐代长期混乱，各种胡人以中原为战场，掳掠人口、金帛。丧乱屈辱之余，汉人开始重新思考自己的文化价值，韩愈、李翱遂在中唐以后提出对中国文化的反省。从唐初到盛唐，儒家思想的研究和推广并没有出现出色的成绩。韩愈提出的“原道”，乃是重新肯定本土的文化传承，将儒家的终极关怀之处，归结为一个“道”字，其内容则是儒家的仁、义、礼、智。站在儒家的立场，韩愈高举排除外来传统的旗帜，将佛教等外来宗教当作夷狄的文化，主张重新确认华夷之辨、内外之分。

唐代晚期种下的这一股本土化潮流，在宋代开花结果，引发了对儒家理论新的阐释。宋学一脉，代替了汉代以下的儒学传统。宋学的起始，在初期也是从宇宙论和知识论下手，其中采用了不少道家的成分。但在北宋理学发展的重要阶段，却是逐渐走向“内圣”修己的方向，不太注意“外王”济世的部分，也不太注意宇宙论和知识论。北宋理学派别众多，互相批判，形同水火；他们之间，兼容、综合的工作反而不多。经过靖康之变，国亡家破，只剩半壁江山。宋代学者痛定思痛，开始注意到人间的秩序。朱子之学，特别注意人间的伦理，将一切人事都放在伦常的规范之内。朱子在世时，朱学并没有成为显学，可是随着时代的需要，朱学很快就成为儒家的正统。

两宋学者组织的儒学，可以说是汉代以来规模宏大、海纳百川的文化传承，此时结晶而成的一套严整的思想体系。结晶化——正如碳结晶为钻石，坚实无比，可是从此失去弹性。儒家经过两宋的锤炼，使中国文化思想成分，有一个明显而可遵循的模式；可是，也从此拘束中国文化，失去了吸收外来成分的能力。儒家思想的宋学化，既有其时代的需要，也有其长久的影响。是功是过，将是我们不断辩论的课题。

与儒学发展相并行的，则是宋代儒生的社会地位。如前所述，宋开国以来，压低过去武人的社会地位，重文轻武，政府中的职位全由文人担任。开国以后不久，这些文职人员，大多科举出身。唐代的科举制度松懈，关说、援引乃是常事，其实并不认真考核举子的学问和能力。宋代的科举制度则是非常严密的规划，不仅确定了如何考核举子对经典的理解，也有许多防止作弊的措施。今天我们习惯于台湾的大学联考和大陆的高考，都会理解在这种考试制度下，记诵而不是发挥才容易取得高分。一代又一代，经过考试的磨炼，学生们往往失去了自动自发的学习精神。宋代科举出身的人，在政府中有相当的保障，一登龙门，名利双收，对于儒生当然有极大的吸引力。这种方式，经过几代的发展，就会孕育出一个读书人的社群，在社会上占有一定的地位。

既然考试的知识范围需要根据当时官方认定的理论来确

定，参加考试的举子们当然也就受这一套理论的熏染，难以有自己的意见。北宋王安石变法，对儒家经学有一定的解释，“新政”的存在，使这一套官订的学问约束了一代人的思想。王安石“新学”的权威并没有维持很久。但是，儒学本身的权威，却从此成为中国思想不可撼动的力量。自汉代董仲舒以后，曾经有将儒学定于一尊的愿望，但这一个愿望直到宋代才算完成。对中国文化的整体而言，这一个结晶化造成的僵化，毋宁是灾害大于贡献。

儒生社会地位稳固，其齐家治国的理想相当程度地促成了“家族”的形成。宋以后的家族不同于汉代的豪族，也不同于唐代的大族，那些都是由一个核心家庭领导很多附属的人口所构成的社群共同体，宋代家族基本上是血缘的组织，上下也许不过三五代亲属，这些数十口到将近一百人的亲缘族群，构成互助共存的生活共同体。宋代开始，亲缘团体拥有族产，作为照顾亲人的具体福利，例如义学、养老，等等。读书人成为一个社会群体，又能以亲缘脉络延续其地位，遂形成士居“四民”之首的优越地位。在每个县级地方上，儒生家族常常号称耕读传家，若干家族即可结合成为地方上的主要稳定力量，他们也就是地方上最常见的利益集团。这种变化，确定了中古以后中国社会的基本模式，以至于要到近代才有根本的改变。

中国史研究上，所谓唐宋转换，已如前述，是一个重要的课题。从本章的叙述来看，这一重大的转变是多方面、各种条件的互动，经过五代以后长期的演变才完成，才形成了前近代中国的格局。回顾过去，“汉人”的确定性，在天下国家体系内并不显著。在宋代，四周同时存在几个政权体制，虽然和典型的列国体制并不完全相同，终究还是有了尔疆我界。有了“他者”，中国本部之内的人才肯定“我者”自己是所谓“汉人”。“中国”也在列国之中，被界定为一个以汉人、儒家为主的，配以佛、道作为其本身文化的地区。若与东亚以外其他地区发展对比，欧洲的天主教会在这个时代凌驾于列国体制之上，伊斯兰文化地区虽然有不同教派，各自在其领域之内以教领政，也是有一个普世性的政治系统，中国的发展，与这两个地方的发展有其类似处，即儒家的普世价值可以超越“中国”，可是“中国”终于失去了“天下国家”海纳百川、包容一切的特色。

相对而言，欧洲在近世经过宗教革命和近代民族国家的兴起，普世教会从此解体，只剩下梵蒂冈教会的形式。伊斯兰世界经过欧洲帝国主义的冲击，其各个教派只能管到自己的教众，在实质上也失去了普世特性。倒是中国的儒家，并没有教会，也没有明显的组织。儒生寄托在政权的体制内，朝代可以改变，可儒家权威及其造成的社会制度，却长久存在、难以改变。这是中国历史的吊诡性：稳定甚至超高度稳定，却难以适应外力引起的新环境。

有宋一代，实是中国历史的转折点：两汉的坚实基础，隋唐的宏大规模，转变为中国文化的稳定结构。从此以后，中原王朝两度面对外族的完全征服，还能重新站起来。可是，在面对活力充沛的西方近代文明时，这一稳定的中国文化系统，不再有接纳与消化适应的能力。

第九章

金、元时代的外族征服

一般中国历史教科书上，总是将元代列为中国朝代之一，也将成吉思汗建立霸权以后的蒙古大帝国当作中国的帝国。清代将列朝断代史称为“二十四史”，即对所有政权的统治一视同仁，都视为中国的朝代。这一论点有许多需要考虑之处：我们不能承袭旧习惯，将这一个外族征服的时代简化处理，实际上蒙古帝国应是中国朝代历史的一个变形；同理，辽、金二代也属于中国朝代的变形。

在辽代，契丹人占领了草原，在中国原来的领土上，也据有今日内蒙古南部和山西、河北北部。整体言之，契丹人活动方向，主要在草原上继续扩张，据有的中国领土部分，只是契丹帝国的一部分。宋、辽之间虽然敌对，却因为双方僵持，实际上是一个停滞的对峙。宋只是同时据有现在中国本部的几个国家之一，然而在中国本土，宋确实是一个以中国人治理中国的朝代。

女真族从东北崛起，挑战契丹，并没有占据契丹全部的领土和势力范围。在中国部分，女真人开创的金代，统治了秦岭、淮河线以北的部分，中国的大部分领土还是在南宋的治理之下。上一章已经说过，辽、金在中国领土上的发展，是这样一种状态：他们从中原取得资源，有助于建立草原帝国，但这部分并不是他们唯一的领土，他们发展方向依旧是在广阔的草原上，中国的部分领土只不过是他们领土之中的一部分。老家是基地，征服的汉地是新获的领土：中国与草原帝国，重叠而不相同。

关于成吉思汗建立的蒙古帝国与中国的关系，元史学者萧启庆认为，这是一个征服王朝。他的意见是对的。成吉思汗建立的庞大帝国，东到东北亚，西到中亚和部分的中东，南到印度半岛的大部分。蒙古大汗是由若干封建的汗国共同推举出来的共主。最初，成吉思汗的几个年长的儿子各自领有土地，称为四大汗国。中国部分和蒙古草原东半边的老基地——所谓“腹里”——按照蒙古习惯，则由看家的小儿子拖雷管理。除了五个领地，还有一些分封的小汗国。而且原来的四大汗国，经过两三代分分合合，也有许多变化。蒙古大汗国的各个部分，都逐渐和分封地的原有居民融合，接受了他们的文化，也容纳了地方的精英。在这一个多元共存的大集团中，元朝只不过是蒙古大汗国中的五分之一，甚至只是较小的部分。

中国历史上，鲜卑人建立的北朝征服了中国北方，却将起家的草原当作边外，听任守边的戍军反戈攻取中原。鲜卑人再也没有自己的故土。蒙古征服中原，后面有草原故地，更有广袤的新征服的土地人民。对于中原人，蒙古可以全盘暴力镇压。明代恢复汉人中国，只有留在中原的蒙古人逐渐同化；中原以外的蒙古族群，仅有留在故土的部分保持蒙古一脉；其他各汗国的蒙古后裔，几乎都同化于当地文化——接受伊斯兰化者，尤其众多。持守中国本土史观者，声称过去那些征服皇朝都逐渐融入中国文化圈，蒙古也不例外。其实，蒙古被纳入清朝帝国，乃是被纳入清朝二元帝国体制的草原部分，并不是并入以中国本部为主体的部分。蒙古和满族，两次征服中国全部地区，在中国历史上留下深刻烙印：最沉重之影响，应当是完全倚仗暴力压制的统治形态。于是，中国传统的“天命”观念，及“天命”应建立在“民视”“民听”基础之上的相对性，经过上述全盘暴力镇压的残酷现实，竟从此再不能支持百姓对绝对皇权的抵抗。

忽必烈系统领有中原和“腹里”，其实并没有获得当家家长的地位。屡次选举大汗，常常是其他系统的汗得到大汗的地位。忽必烈曾经和西方诸汗国争夺汗位，他并没有经过合法的推举，就自称大汗，因此，西方诸汗国共同抵制忽必烈，忽必烈的号令不能行于自己的领土之外。他与西部海都大王之间的争执十分激烈。海都据有今日新疆一带的领土，恰好挡住了蒙古大帝国东方领土与西方领土的交通。

忽必烈在中国建立元代，等于是自成格局。在他治下的汉地部分，可以称为“中国”，他的朝代可以看作中国列朝的一部分。朱元璋建立明代，在中国历史上元代终结了。但是蒙古人在旧日“腹里”，并没有被明代中国取代。后元或是北元继续存在，统治蒙古草原，虽然内部分裂，却从没有变成明代中国的领土。在明代中国与蒙古之间，朱元璋命令徐达建立了从东到西的边墙，这就是今天地图上呈现的那条万里长城。许多人以为，这一条长城就是秦始皇时代建立的边塞，其实明长城划下的边界线，比秦汉的边界更向南收缩。

假如我们将大蒙古帝国与忽必烈以后的元代分别处理，则蒙古征服的大部分地区，历史上并不在中国范围内。中国人不能将蒙古人征服的后果揽为已有，也不必将忽必烈以后的元代当作中国以外的历史。

元代统治中国，有相当部分承袭了辽、金统治北方的方式。虽然最初他们曾经打算将整个中原转变为广大的牧地，后来知道中原大部分地区的自然环境并不适于放牧，才搁下这个政策。元代的政府，终于逐渐倾向于两元的统治：一方面有不同来源的签军[1]，驻防在中原以维持征服者的控制；另

1 签军，是元朝时期统治者获取兵源的一种方式。刚开始统治者从蒙古部族中签发兵员，后来从中原地区签发汉人为军，亦称“汉军”。从蒙古军中签发出征的士兵，出于战争需要，短期或长期留在被占领的地区镇守，从而产生了探马赤军。这些“重役军”，民族成分复杂，既有蒙古人、色目人，也有汉人。

一方面，延续汉人传统的州县体制，相当程度地接受以汉法统治中国。这种二元制度，在辽、金也都执行过。只是元代中国，在南宋灭亡后，整个的中国疆域都处于这一“二元”体制之下。

先说元代的中国人口结构。金代曾经将大量的汉人人口迁往东北地区——女真族的老家，补足他们男丁在外征战造成的劳力不足。女真族的战士，以猛安谋克驻防制度[1]，在中国各地戍守；那些万户府[2]辖下的女真族和从草原来的人口，相对于前面所说移往东北的汉人，等于是内、外人口的交换。元代的中国，也有大量的签军，有的来自草原，有的来自西域，甚至有的来自今日的中东地区。例如，最近爆发克里米亚事件的乌克兰，在当时，那里的人口就有一部分签发戍守在元代的首都附近，称为“阿速卫”。今日云南，还有许多信仰伊斯兰教的穆斯林，他们也是从中东、近东进入中国的签军后代。

族群同化，也是人口结构改变的情况之一。辽、金时代，就有许多汉人的地方武力不属于宋廷管辖，自成势力，辽、金收编这些武装力量，给予他们“公”“元帅”等封号。元代承继这一传统，单单在河北、山东，从真定至东平之间，就有十余家汉军“元帅”，他们长期与征服者合作。只要征

1　猛安谋克，金代女真族社会的基本组织单位，金太祖始定制，以三百户为谋克，十谋克为猛安，它们自成组织，筑寨于村落之间，不属州县，计其户口，授以官田。

2　蒙古族把军士划分为十户、百户、千户、万户四种单位，并依次设有百户所、千户所和万户府。

服者不进入他们的地区，他们也愿意跟随征服者参加南征的任务。举例言之，金兀术进攻南宋的部队中，有一支韩常的汉军，就是上述汉军“元帅”统领的。元朝进攻南宋，直追到广东，将南宋最后残余势力赶入伶仃洋的部队，就是汉军“元帅”张弘范的部队。朱元璋崛起，元代最后的抵抗力量是王保保带领的汉军。这一支部队，后来随着元代的残余力量退入蒙古大漠。这些胡化的汉人，处于胡、汉之间，乃是人口中归属模糊的另一类。

除了因为政治因素移动的人口，蒙古与中亚、中东之间，因为贸易，波斯人、阿拉伯人、犹太人（中国通称为“胡商”）也大量地移入中国。今日南方的通商口岸——扬州、泉州、广州，都有一些家族是这些胡商的后代。经过同样的通商路线，许多汉人也因为贸易进入东南亚，甚至越过马六甲进入印度洋。究竟有多少汉人留在“南洋”和“西洋”，我们今天无从统计。明初郑和下西洋，所经各地几乎都有中国人社区。他们不是在明代才开始迁移，那些早期的移民，可能是在元代就纷纷移入广大的海洋地区。

女真族和蒙古的征服过程中，不仅战阵上有大量军人的死亡，一般平民也死伤不少。成吉思汗的征服过程，比女真族时代的杀戮更多。他崛起之初，兼并草原上的其他族群，倒是杀的少、收编的多，这才使得他的部落军不断扩大。但多次西征以及南向征服南宋的过程中，他却不断地杀戮。蒙古铁骑以杀立威，如果一座城市久攻不下，在破城之后接着就是屠城。花剌子模[1]破城时，死者数十万；在蒙古征服的战争中，被屠杀尽净的大小城市，不下二三十座。战争带来的混乱以及疾病和饥饿，又会造成大量的死亡。因此，单单以战争本身来说，女真族和蒙古的扩张过程中，死亡人口不会少于千万之数。

蒙古扩张的时代，恰巧是欧洲发生黑死病的时代。黑死病（鼠疫）起源何处，现在难以断定。一般认为，沙漠中的啮齿类动物死亡以后，其他动物受到感染，也跟着死亡，最后造成人类长期而大规模的瘟疫。在欧洲，黑死病持续了约三百年，造成欧洲人口减少三分之一以上。蒙古军的长征与戍守，各种军人大量移动，将黑死病带到中国北方的草原和中国本部。蒙古军队攻城，据说曾经用抛石器将病死者尸首投入围困的城市中，造成城内居民大量死亡。两军交锋时，伤者、死者的病菌，常使交战的双方军队同时感疫。

这场持续三百年左右的大瘟疫，在人口密度较大之处造成大量的死亡。后来，因为蒙古大帝国与东方的交通，不论陆路还是海运，都比较顺畅，疾病又经过海道和商路扩散蔓延。东方本来没有黑死病，对于这一次大瘟疫，东方人口几乎完全没有抗疫力，死者无数。总的数字无法计算，只是，从总人口数字上来看，北宋总人口最多时，加上契丹人口总数，已经超过一亿；明代据有的中国人口，在开国时大约只

1　花剌子模王朝，12 世纪兴起的国家，位于中亚西部阿姆河三角洲地区，13 世纪被蒙古击败吞并。

有六七千万——总数减少了三分之一以上。

经过辽、金、元三个时代，中国北方遭受了至少三次战乱，逼迫许多中原和北方的人口逐步移向南方。从变化最激烈的靖康之变开始，至后来的南宋，这一百多年来，南方人口增加了不止两三倍；淮河以北的人口，即使加上征服者迁移进来的族群，大概也只有南方的三分之一。人口中心的转移，在辽、金、元时代，造成了南方一面倒的情势，南方人口密度远大于同时代的北方。这些内部迁移的汉人，也使人口结构呈现完全不同的形态。如前所述，北宋极盛时，人口大概已经超过一亿；在忽必烈征服南宋时，南宋人口可能只有七八千万，北方则不过二三千万而已——南北人口数量的差异，从此不再逆转。中国南北人口成分，经过这一次混合，再加上新人口的进入，造成了与过去完全不一样的人口结构。如果调查人类基因，重建中国人口的南北差别，就必须理解这一发展阶段。凡此差异，乃是这次人口大规模移徙所造成的基因分布状况剧烈变化的结果。

被蒙古征服的中国，其社会结构也大为改变。征服者蒙古人及其早期收编的草原族群，当然居于社会的最高层；其次，是蒙古从西方搬过来的签军，和西边服属蒙古、愿为蒙古服务、帮助统治汉地者，称为色目人，居于第二位阶；中国北方人，被称为汉人；最后被征服的南方人口，则被称为蛮子（南人）。蒙古戍守各处的驻军由万户统辖，占有宋朝人的土地、役使宋朝人，宋朝人只是被征服的奴隶而已。有一些汉军军户很早就归属蒙古，他们的地位当然又高于其他的汉人。这种身份的差别，在宋代中国从未见过，堪称族群分类的阶级社会。

从南北朝到隋唐，中国曾经有过豪强大族，以他们为核心的地方性社区和社群组成的共同体，其地位介于国家与个别百姓之间。大族在唐代后期逐渐解散，在宋代已经消失，代替他们的是地方性的大户。如前章所述，这种地方大族，在每一个县份总有三五家至十余家。大族的形成与宋代科举有相当的关系，因科名而进入文官系统的儒生成为社会的精英。在儒家伦理下，这种大族与政权相辅而行，足以帮助政权稳定社会。他们以大族为中心，承担若干社会福利的责任。在忽必烈以后的元朝世家政权之下，政府也举行科举。但是，元朝科举录取的人数比宋代大量减少。此外，蒙古人与色目人在科举名额上占有优势。因此，元代的汉人儒生不再能担起宋代士大夫的任务，也不能具有社会精英的地位。在元代政府与百姓之间，作为中间层者，主要就是那些万户和与万户有关的汉人商贾和地方豪强。

元朝时，中国接受了不少外来宗教。已经在中国存续很久的佛教与藏传佛教，在蒙古政府心目中乃是一体，享有相当优越的地位。道教在河北地带发展出一些新的宗派（包括丘处机等人的全真教）。他们在河北汉军元帅的地区，不仅从事教化活动，而且也兼顾地方治安和稳定经济的功能。我曾经在这个地区目睹河北新道教留下的一些遗迹。以全真教为例，全真教的道观乃是当地教育、文化和地方福利的中心，甚至修路、建设水利，都由全真教道观领导。佛教的僧侣，尤其是接近民间的净土宗和禅宗，在民间也一样具有社会服务的地位。佛寺、道观在元朝时，其功能实际上超越了宗教的领域，似乎承担起若干基层社会的领导功能。

由于色目人的特殊地位，在元朝时，伊斯兰教与政权的关系最密切。正因为他们与特殊族群的关系，伊斯兰教在中国的传教活动并不能真正深入民间。在今天，西北的陕西、甘肃，西南的云南，以及东南的泉州、扬州、广州等处，颇多穆斯林人口，也留下了一些元朝时清真寺的遗迹。伊斯兰教给中国带来的影响，毋宁在文化方面，例如天文、历法、数学、医学和建筑风格。那些古代波斯、印度和中东文化的知识与工艺，灌注于中国，使宋代中国原本已经相当精致的文化，更为多姿多彩。

蒙古本来的文字是由藏传佛教的八思巴[1]代为创造的，但是，后来则由回鹘文的字母拼写蒙文，日后的满文从蒙文借来字母，也可说间接来自回鹘文。在唐代进入中国的中亚启示性信仰（例如祆教和摩尼教），在元朝时，有时与也里可温教（基督教诸教派）相混。西土启示信仰在华引发的后果，则是经过长期演变，吸收了佛、道二教成分构成的民间教派，

1　八思巴（1235—1280），西藏佛教萨迦派第五代祖师，他根据吐蕃文字设计了一套蒙古新文字，献给元世祖忽必烈。

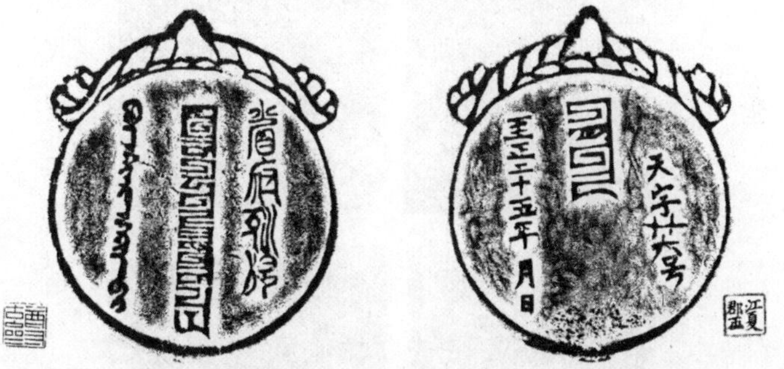

元代省府巡牌拓本。左侧牌面文字三行，从右向左，分别是汉字篆书、八思巴蒙古字、蒙古畏兀字。据研究，此巡牌可能用于行省，颁发给巡行于本省各府县的官员（现藏故宫博物院，拓本引自蔡美彪《八思巴字碑刻文物集释》，2011 年，第 307、308 页）

元代基督教徒墓刻石。据研究，四墓的墓主均为汉人，之所以用八思巴字刻石，或是因为泉州居民民族众多，刻八思巴字便于各族人识读兼以自重，以防侵犯（福建泉州出土，现藏泉州海外交通史博物馆，照片引自蔡美虎《八思巴字碑刻文物集释》，2011年，第265页）

元代穆斯林艾哈玛德墓碑石。泉州是穆斯林的重要聚居地，其祖先分别来自波斯、也门、亚美尼亚、布哈拉、花剌子模等地区。从碑文内容看，艾哈迈德家族源自波斯，已经在泉州居住数代（照片引自福建省泉州海外交通史博物馆编《泉州伊斯兰教石刻》，1984 年，图版第 20 页）

例如白莲教。这些民间信仰，在中国经常与政权发生冲突，忽起忽落，经常在湮灭后又改用其他名称复兴。在元朝末期组织反元革命的，主要就是以明教为中心的武装力量。这一传统，在中国历史上从来没有被士大夫接受，也从来没有人认真地研究过它的历史和内容。实际上，作为民间文化聚合而成的力量，它的地位相当重要。

儒家在元朝的遭遇相当艰难。儒家的智谋之士也参加元朝的政权。不过，他们再也不能占有过去宋代文官系统的主导地位，其社会地位相对降低不少。潜入民间的儒家学者，在艰难困苦之中坚守儒家的信仰。一方面，如果有机会进入文官系统，他们尽量劝说政权改变暴力的倾向；另外一方面，儒家重新消化宋代的理学，作为乱世中安身立命之所。许衡、姚枢等人的功绩，是继先圣之学，维持儒家一线香火。在这一方面，他们功不可没。然而，他们对经典的重视和对正统的坚持，却使明代中国的儒家只是接受了宋代的朱子之学，直到明代晚期才有阳明之学另起炉灶。

在元朝，许多儒生转入基层。他们在民间以私塾的方式教学，于是发展了一些后世儒家用以启蒙的教科书。他们为工商和一般人服务，例如医学方面，许多所谓“儒医”悬壶济世。“汉医”传统中，金元四大家[1]的贡献是，将复杂的医学形而上学转换为可行的方剂之学。在工商方面，儒生将对

1 金元四大家，指金代的刘完素、张从正、李东垣和元代的朱震亨。

数学理论的探讨转变成为可行的算学口诀，甚至于发展出珠算这一类的简易计算工具。将知识转为实用的民间实践，相当程度上消除了精英和庶民之间的距离；可是，宋代曾经成绩相当可观的医学和数学，却也因为转向实用，失去了纯学术性的进步机会。

总结来说，固然元朝是一个征服王朝，而且蒙古的征服行动也造成许多灾害，改变了中国的社会结构，不过这一段时期，尤其忽必烈以后，元朝不能不转变为以中原为主体的国家。元朝扩张带来的文化影响也有不可忽视之处。人为和非人为的灾害，例如战争和瘟疫，它们对人口数字的影响，和大量人口迁移以后对人口结构的影响，在元朝之后都还存在。有人以为，元代经济高度发展，与前工业化时代的工艺发展有互为因果的关系。固然，元朝时的工艺引进了一些新的成分，例如从中亚一带传来的蒸馏、冶金、毛纺、棉纺、水利、历法，以及前面所说的医疗技术等，对中国的经济也有重大的影响，但元代经济发展的巨大动能却从此不再继长增高。这个时代，其扩张活动的功罪中国不必负责，但是文化交流的结果，对中国还是具有相当程度的正面意义。

元朝历史呈现的征服国家体制，包括本族老家与汉地、征服者与被征服者之间的主奴二元，以及经由“驻防”维持的暴力统治与资源掠夺，乃是中国历史上征服皇朝——北朝、契丹（辽）、女真（金）、蒙古（元）和满洲（清）各时代——共同具有的现象。然而，元朝与清朝的绝对皇权，其暴力性格，正如前文陈述，超迈过去的征服皇朝。在这种体制下，中国传统皇朝的皇权再也不受文官体系所代表的社会力量的制衡。

蒙古帝国的暴力征服中，从未出现过使帝国各处悦服的核心，因此这一帝国无法转化成天下国家的格局。在忽必烈以后，帝国各部分逐渐解体。那些汗国的蒙古统治者都逐渐本土化，接受了当地的文化，其中，绝大部分伊斯兰化。蒙古诸汗国领土的继承者，则是后世的帖木儿帝国[1]及其继承者莫卧儿帝国[2]，它们均是穆斯林文化的地盘。在东欧的金帐汗国[3]，统治权逐渐转移，由当地的俄罗斯人接手，逐步演化为后来的俄国。蒙古老家的后元（北元），内部不断分裂，不能再号令草原。亚洲东北部的诸部落（例如满洲地区诸部）与较小的国家（例如高丽），折而向明廷称臣。庞大的蒙古帝国就此瓦解。许多西边各汗国的后裔，今天已经忘记蒙古祖源，都消融于当地的人群之中了。

---

1 帖木儿帝国，1370 年由帖木儿开创，之后，以撒马尔罕为中心，发起侵略战争，征服中亚绝大部分地区，1507 年亡于突厥的乌兹别克部落。

2 莫卧儿帝国，帖木儿帝国崩溃后，由其皇室后代巴布尔入侵南亚次大陆建立，后来，英国成功控制了该地区，1858 年，莫卧儿灭亡。

3 金帐汗国，又称钦察汗国，蒙古四大汗国之一，位于今哈萨克斯坦咸海和里海北部，1242 年成吉思汗长子术赤的第二子拔都建立，从 14 世纪末开始逐渐衰落，最后走向分裂。

第十章

明代：专制皇权（上）

朱元璋参加推翻元朝统治的战争，在长期被外族征服之后，再次建立了汉人皇朝。前面二百余年，宋代两度亡国，宗社覆灭，人民流离；元朝时，蒙古、色目是征服者，汉人、南人是被征服的亡国奴：汉人屈辱苟活，不能不对自己的归属有所认同。朱元璋全无凭借，在群雄逐鹿之中，成为最终的胜利者。在北伐时发出的讨元檄文中，他直指华夏与胡虏的差别，以及元朝统治失当的罪状。这一文告，毋宁是确认汉人中国的归属。我们可以说，这种对华夏中国的归属感，宣告了中国历史上天下国家的结束，肯定了汉人民族对华夏文化的认同。

中国历史传统里，他和汉高祖通常被相提并论，大家也有意无意地将明代与汉代对比。我们以相似之处而论，新皇朝的建立者，如上所述，都是平民出身，被他们取代的前朝也都是以强大君权著称，新皇朝的当权者并没有家世的凭借和背景,所以左派的史学家总是称他们为“农民革命”。然而，这两个农民出身的皇帝，真正为农民做到的事其实很少，相对而言，他们都是从前朝皇权专政中学了不少，也继承了不少前朝的体制。

不过，秦始皇的专政到了汉代就有所变化，虽然许多官制都是延续秦代的规模，例如郡县制度、文官体系等，可是汉初三代（高帝、吕后、文帝）都是宽大为政，从秦代继承来的专制体系放松了许多。武帝以后的种种变化，却是着力在如何建立一个上下能够交流的体系上，中央与地方、政治与社会之间，都有信息和权力的平衡。如我们在汉代那一章所说，中国的皇帝制度在汉代立下了规模，打下了厚实的社会基础。

明太祖朱元璋接替的元朝则是一个征服朝代。蒙古人在中国的统治，如上章所论，乃是建立于暴力的基础上。元朝各种驻军，包括驻防万户和签军，驻屯在各处，以武力监督汉人。元朝的统治阶层，几乎不包括汉人在内，也不在意政权有没有社会基础，因为外来的征服者有自己的老家支撑其统治的暴力，还可以调用别处的军力帮助他们压制汉人。忽必烈以后，在中国的蒙古皇朝，必须多少考虑到汉人支持的程度，因为他们手上能用的资源，只不过是汉地和“腹里”。忽必烈以后，元朝对汉人的压迫比以前减少，可是汉人并不拥有可以和皇权互相制衡的空间。

朱明新皇朝不是个外来者，应当在这方面有所改变。然而，我们从各方面看，朱明皇权的绝对性，确实和蒙古皇朝相差不远。相对于前面最后一个汉人皇朝宋代，朱明皇朝的暴力统治可以说完全属于另类。

明太祖击败群雄，将降伏的武力收编为自己的军队。在正式建国以后，朱明仿照隋唐府兵制，创立了卫所制度。他自己曾经夸称养兵百万，不费百姓一粒米。其实，卫所和府兵并不相同，毋宁更像蒙古时代的驻防万户和签军，乃是保障皇权、控制全国的武装力量。

卫所分布全国，有一部分是放在国防线上。北方沿着长城一带，沿海的主要口岸，都有卫所驻屯。这些卫所通常都有自己的屯田区，军人平时耕种，但是也不废训练，一旦有事，中央可以从五都督府派遣将领，领兵出战。平时将归于府，并不直接指挥自己的部队；兵归于屯田的卫所，由卫所的军官负责管理和训练。除了边防的卫所，明代卫所也分布在国内的许多要地，比如沿着运送漕粮的路线分布，交通路线上的要地也有卫所存在。全国的卫所，有的自己拥有耕种的屯田，也有相当部分的卫所，只有服兵役的军人驻扎营中。他们的家属分散于各处，耕种政府分配给他们的田地。这些世袭的军人乃是由政府拨田，维持他们的生活。他们也不必缴纳一般民众必须负担的税赋，只是每一家必定要有至少一个男丁和一个副手驻在卫所的营区。全国卫所的分布中，真正在边防线上和分散各处驻屯的，两者比例在各个时代稍有变化，大致言之，是“外三、内二”的比率。从这个比率判断，明代的卫所为防备自己的百姓所分配的力量，并不亚于防备外敌的。

朱明恢复封建制度，分封皇子、皇孙于全国各处。最初分封诸王，九位皇子被分封于北边（由西迤东：肃、庆、秦、晋、代、谷、燕、宁、辽），每个皇子拥有自己的“护卫”，其实就具有了数以万计的兵力。他们的责任是守卫北边，防备蒙古余众的反扑。然而，在内地，一样也有皇子、皇孙的封国——朱明历代君主的皇子、皇孙都有封地——除了南北两直隶[1]，所有的行省，处处都有亲王、郡王的封邑。在原来的制度下，这些大小封国都有自己的护卫，按照原来的设计，那些内地诸藩一样具有在各地镇压、维护皇权的功能。可是在燕王夺取政权后，朱棣顾忌藩王们可能威胁中央，减少了他们的护卫，他们也不再拥有具有规模的武力。封建制度和卫所设计，可说是朱明皇室以暴力来控制全国的机制。

朱明建国以后，至少有两代政府不断迁移人口，迁徙次数有十余次之多。最初之所以这样设计，是因为在大乱之后，有些地方人口折损太多，大片田地无人耕种。政府将人口密度较大地区的百姓迁往人口稀少的地区，以耕种抛荒的田地。

1 明朝时，直接隶属于南京的地区为南直隶，包括今江苏、安徽、上海一带，直隶于北京的地区为北直隶，包括今北京、天津两市，以及河北、河南、山东的部分地区。

如此安排，整体言之，一方面安顿了百姓的生计，另一方面，全国的总生产量也因此而提高。明初呈现出的社会安定局面，固然是大乱之后休养生息的结果使然，但也未尝不是因为人口的移动提高了全国经济体的生产力。人口的移动，在今天各地的传说之中，还留有所谓“大槐树”下集合百姓迁往移民地区的集体记忆。

这种所谓“大槐树”的传说不只限于一处，也并不限于人口繁密的地区。集体记忆中，移民出发的原居地，南北各地都有，可见这种移动未必完全按照原来的设计，是将人口匀散各处，耕种抛荒田地。举例言之，山西洪洞县的“大槐树”传说，乃是将山西的人口移往山东、河北、河南，那些是饱经战祸、人口减少的地方。别处“大槐树”下迁移的传说，却并不一定是基于同样的理由。南京一样有“大槐树”的传说，而他们移往的地区，则是西南的云贵、广西和川、湘边地：那是移民到西南少数民族分布的地区，这些西南移民中，一部分是西征大军及其家族，后来则是内地人口迁移到新开发的山地。可是，山东沿海（例如即墨）也有大移民的传说，据称他们的故乡却是在“小云南”。也许这是将云南、蒙古和西域的军户迁移到山东，编入当地卫所。凡此民间传说，反映了全国大规模的移民，东、西、南、北都有移出，也都有移入，而大规模移民的时期，大半是在明初几代。这些移民大多不是出于自愿，而是政府集中百姓，由官军监押离开故乡，移往新地。在中国历史上，如此频繁的大规模、由政府发动的移民活动,并不多见。大概只有20世纪后半期,大批移民运动才再次出现。

我们的解读是，这种大规模而又频繁的人口移动，其实是在打散地区性人口的共同体，防止他们结合为社群。潜在的目的，还是为了保障皇权的稳固。明初的移民，和后来开发西南和沿海山地的移民，许多都移入了本来不能耕种的山区。西南地区的移民潮，更使西南少数民族在汉民族大量移入后逐渐被同化。中国的族群基因增加了许多新的成分。而且，这些改变引起了中国人口分布的变化，全国人口分布重心改变，区域性的人口结构也改变。

明太祖登基以后屡兴大狱，整批地杀害功臣。朱明开国的兵将和谋士，冤死者数万，淘汰尽净。燕王即位，是以武力篡夺，成功后也大杀建文朝的文臣武将。他们父子二人忌刻、嗜杀，都是为了防堵有力者威胁皇权。制度方面，太祖在大杀功臣后，废除丞相，自己直接主持中央政务。明代文官体系只是皇权的统治工具，没有可以抗衡君权的力量。皇权依仗特务组织和内廷宦官作为爪牙，其势力之大，不是中国历来皇朝可以相比的。宦官专政在汉、唐都曾有过，但是宦官无所不在地监督文官，却并不常见。明代的宦官在文武单位不仅监督在职的首长，而且可以取消相关官员依法执行的权力。国家专营的生产单位，例如矿、林、烧瓷、织锦和外贸单位，都由宦官直接管理，文武官员无置喙之余地。有明一代，宦官假借皇权，以司礼监[1]的名义代表皇帝批核奏章，文官系统无法反抗。

从太祖的时代开始，就有内廷特设的刺探机构，侦查文武百僚的言论和行为——即所谓的“锦衣卫”，其权力之大，汉唐皇朝从未有过。除了锦衣卫，后来又添设东厂、西厂，这些机构也都是代替皇帝监督臣僚和百姓的，到后来则代表了皇权。这些特务机构拥有独立处理刑案的权力，不受执法机构三法司（刑部、大理寺、都察院）的约束。如果皇帝自己因为身体和年龄不能亲自执政，这些特务机构就由宦官指挥，从而更加助长了宦官的权力和气焰。

明太祖憎恨百官贪渎，如有贪污者，处以死刑，剥皮之后，充以稻草做成人形，放置在公座旁边，以儆未来。这种酷刑使百官群僚惴惴不安，甚至到了使他们每当上朝之时就与家人告别的地步。皇帝行使皇权，更有所谓“廷杖”的暴力方式。群臣奏对，一不合皇帝的意思，就可能当场受刑，甚至立刻被扑杀。在中国历史上，汉代的中央文官，其高阶者可以和皇帝坐下谈话；唐代的朝廷上也有文官的座位；即使在宋代，宰辅必须站着奏对，君臣之间也有一定的互相礼敬。明代皇权这种不测之威，在中国历史上，前无古人，后无来者。廷杖的立威，再加上特务组织和宦官依附皇权作威作福，明代

1　司礼监，为明朝内廷设置管理内务的“十二监”之首，有提督、掌印、秉笔、随堂等太监，明初权力不大，后来皇帝不理朝政，常常由司礼监代行“批红”之权。

的政府体系面对皇权，完全不能起制衡作用。

在中国的皇帝制度里，文官系统是一个重要的部分。自从汉代有了察举制度，文官大部分是从儒生中选拔；而选拔的过程，因为有科举，也还相当公平。明太祖建立政权后，立刻恢复文官制度，从民间读书人中挑选了一些有用的人才，来担任中央和地方政府的职务。政权稳定后，明太祖又恢复了科举，从科举中选拔儒生。明代科举的问题在于，完全以测验儒家经典的知识作为考试的依据；儒家的学说中，又独尊朱子学。儒家本身有抗衡政权的独立传统，明太祖认为这不符合绝对皇权的需求，所以明代的考试删除了儒家学说中一切与政权抗衡相关的部分，例如《孟子》里面就有一些章节被删除。这种考试方法的结果，当然是儒生长期接受洗脑教育，儒家思想沦落为宣扬对君主绝对忠诚的教条。

一旦考试得中，寒微的书生就可以脱却青衫换紫袍，而且他们的私人田产就得了豁免租税的优遇。如前节所说，朝廷对文官的威权是绝对的，堂堂大吏可以立刻被撤除官职，甚至于当庭廷杖。君主握有生杀予夺的大权，明代的官僚在皇权不测之威下，固然惴惴不安，却又有当官的福利：一旦中举，即可任官受俸，至退休仍是缙绅，终身享有免税特权。整个文官系统，无论在职或退休，都可以享受荣华富贵，泽及子孙。一般小户农民也就利用这一漏洞，愿意以财产投靠缙绅，因此明代土地集中的现象非常严重。而且，在社会上平白多出一层类似贵族的特权阶级。

除了南、北直隶，整个明代全国有五六十个藩国，到明代终了时，宗室的总人口不下四五十万。王府的土地动辄千万亩计，这些土地是免税的。王府的佃户，也不用担任差役。宦官们没有后裔，可是大多数的宦官也依仗势力据有田产。宦官们贪图近便，其田产大致都在首都附近。这三种特权人群占有的土地，竟在全国可耕地中占相当不小的比例。以上三种人群据有的田地，大致都在肥沃和富有的地区，而相对地，在比较偏僻和贫穷地区的一般平民，却要负担全国财政税收的主要部分。前面曾经说过，明代初期数度迁移人口，将人口密度大的地区的人户迁往人口密度较小之处。开国三代以后，南方人口的增加已呈现一面倒现象。

一国之内，既有贫富之间的纵向分裂，又有南北发展悬殊的横向差距，国家裂解为两半，不能说是正常情况。

相对言之，元朝是征服者，以武力压制汉人，乃是弱肉强食难免的现象。朱明以驱逐胡人为口号，以同胞态度对待汉人百姓。可是，太祖杀伐立威，又将专制极权制度化，有明一代始终未曾改革。更可悲者，满族入主中原，沿袭明代制度，再加上征服王朝的武力镇压，于是中国人生活在专制极权的统治下长达六七个世纪之久。这一长时期的压迫，斫伤中国人的自由，扭曲中国人的人权，对中国民族性造成的伤害，至深至巨。

《观榜图》(局部)，为明代吴门四家之一仇英所绘，描绘了放榜时举子们观榜的盛况。这幅图反映了科举考试在当时的重要性和时人对中举的热望(现藏台北故宫博物院)

■ 双层楼阁鬓发钗

■ 三层楼阁鬓发钗

■ 圆亭楼阁凤钗

明代楼阁人物金簪（江西南城益庄王朱厚烨万妃墓出土，现藏中国国家博物馆）。据学者研究，这些金簪运用了极细的金丝编织工艺和极其复杂的掐金丝镶嵌珠宝点翠工艺，在极小的空间内，营造了复杂的楼阁结构和人物姿态，反映了当时卓绝的手工艺水平，同时也表明，明代藩王备受优待，生活十分奢华

第十一章

明代：专制皇权（下）

明代的南北差异，以及移民造成的人口分布偏差，已在上章说过。另有两项因素也造成了南北贫富的不均。一项是大气候，根据物候的时间和高地树木的年轮，气象学家对明代的气候也相当了解。整体言之，明代两百多年，除了嘉靖和万历之间的时间，都在寒冷干燥的时期。这种大气候，愈靠北方，愈是严重地影响农产。从元代以来，北方本来就是战乱不断，再加上如此长期的气候恶化，北方居民不得不设法往南迁移，这就构成了一个非人力能矫正的人口偏差现象。

另一个是贸易的影响。十四五世纪，欧洲人努力开拓大洋航道。1492 年，哥伦布到达今天的美洲，从此以后，世界经济走向全球化，以至于今。经过印度洋和太平洋，欧洲商人前来东亚地区贩运商货，他们带来的资本是取于新大陆的黄金、白银，运到西方去的商货，除了海洋地区的香料、玉石等，就是中国出产的丝绸和瓷器。中国的其他商货，例如五金铸品，则由商舶运往大洋航道上的其他地区。整体来说，中国的商货，尤其丝绸和瓷器，都是南方的特产，这些外贸的收入也就停留在南方。南方都市化加速进行，更刺激了南方经济的发展。当时的欧洲，有过所谓“价格革命”的现象，通货膨胀，物价高涨，有些人富了，也有些人穷了。在中国发生的相对现象，也是南方富了，北方更穷了。综合上面所说的诸种因素，明代中国的南北差距，形成一面倒的趋势。这一地区性的偏差，其实到今天还是存在。

在宋代两度亡国、元朝征服中国之后，朱明立国。战争杀戮与异族奴役的痛苦记忆，使汉人不能不有人己、内外的区别。因此明代虽然自居为汉、唐帝国的复兴，却没有汉、唐那样天下帝国的气度。明太祖开国时的形势是，北边与西北方元朝余部还在，东北需要防范契丹、女真族的同类，也需要预防高丽、日本的潜在威胁。

太祖不忘打天下时“高筑墙，广积粮”的策略，稳扎稳打，以保守汉人帝国为第一优先的目标。因此，他设定“锁国”的原则，对北方草原采取的策略是筑长城，对南方海防采用的方法是“不许片板下海”。只有宋代划在界外的西南地区，取自元朝梁王，还有发展余地。日后，朱明也确实在西南部颇多经营，由太祖义子沐英及其子孙世袭，镇抚当地土著的少数民族部落。终有明一代，汉族人口不断移入西南，并在川、桂、黔、滇各处开通道路，垦拓山地；也经过羁縻政策，让土司自治，然后改土归流，最终将其融入帝国版图中。

对于边疆以外的地区，太祖拟定过一份邻近藩属名单，命令后世子孙不得向这些国家用兵。实际上，明代与其他国家之间不乏战争。明代初期，安南发生了内乱，新国王不愿意向中国进贡，而且侵犯边境。因此中国发动大军，在安南成立交趾布政使司，将其收为内地。可是，后来还是让安南独立，只是要求他们承认中国是宗主国。最大的一次对外战争则是发生在万历年间，16 世纪末期，日本丰臣秀吉在统一日本后行文朝鲜，要假道朝鲜攻击中国，使中国接受日本的统治。朝鲜不接受这一道命令。日本发动大军十余万人进攻朝鲜，朝鲜向中国求救。中国花了三年时间，和朝鲜合作击败日本。丰臣秀吉病故后，日军退出朝鲜。这两次战争所体现出来的国际关系，和过去天下帝国的同心圆结构下的国际关系并不一样，毋宁是近代主权国家之间在帝国主义体制下的争夺霸权。

至于国内的少数民族，在汉唐天下帝国体制下，既不属于外，也不属于内，乃是独立的单位，不直属于帝国的管理系统。元代对于西南的少数民族，设立了所谓土司制度。少数民族的首领，取得宣慰使、宣抚使等官衔，实际上保持独立。明代因袭，以土司羁縻少数民族。可是，明代两百年来，不断地向西南移民，尤其在明代晚期，新大陆的植物传入中国，玉米、地瓜都能在山地种植，许多移民因此移往西南的山区。开发西南，导致西南民族成分改变。汉人人口增加之处，原来是土司辖区的就改为一般行政地区，这就是所谓“改土归流”。在这一过程之中，汉人和当地原居民之间的冲突不断发生。明代政府对这些原居民或和或战，有的战事规模并不小。

至于海外，郑和下西洋虽说是宣扬国威，不算征服，实际上郑和船队在遭逢当地抵抗时，也会俘虏当地的国王——例如在今天的锡兰，其国王就因为不愿意接受中国船队，而被俘虏回中国。又例如在今天印度尼西亚的巨港，曾经有一个中国的移民陈祖义，在当地打出天下，建立了一个小王国，自称国王，郑和的船队也将他拘捕回国。明代的禁令是，一般老百姓不许私自出国，历史上曾经多次记载，有移居海外的中国人年老思乡，需要向政府请求回国才能得到许可。从上述几个例子看来，明廷界定海外与自己的关系，是既不内又不外：只要愿意朝贡，就算是“内属”，然而却不允许自己的国民前往这些号为“内属”的地区。

明代的朝贡制度，实际上是一种被动的官方贸易：进贡的藩邦除了带来贡品，也顺便带来他们的土产在口岸发卖；明政府给予进贡船队的赏赐，其价值通常多于贡品。除此以外，一般的民间商贩只能以走私的方式进行。固然，大家都会以郑和下西洋的事件，主张明代有过向外开拓的事迹，不过郑和下西洋以后，明代就再也没有过政府主持的海洋活动。所谓“海禁”政策，时开时闭，并不稳定。明代甚至没有征

郑和下西洋 600 周年纪念邮票。该邮票复原了当时郑和船队的面貌。郑和下西洋，在民间的历史记忆中留下了深刻的印象，其事迹数百年来口口相传，成为中国文化的某种象征符号。直到今天，郑和下西洋仍为人们纪念

收关税的常设单位，只是以派遣宦官的方式，在几个主要的海港收取进口的船舶税。

南北经济发展程度的差距，在明代晚期对国家就有显著的影响。蒙古草原上的鞑靼已经衰微，可是东北的满洲却成为主要的边患。政府国防支出大量增加，都由一般平民负担。北方的一般老百姓已经在贫穷的边缘，怎能再担起永远在增加的地税？于是，大量贫民转变为流民，然后成为所谓的“流寇”。为了剿寇，政府又必须加征税赋。南方富足，可以承担得起，在北方，流民遍地，以至于最后农民起义军攻入首都，导致明代的覆灭。而流民大军一旦进入淮、汉以南，就忽然消失。这一现象正说明，南方富足的都市颇有吸收无业流民的能力，而北方的广大农村却穷而无告，除了铤而走险，别无选择。

南方不是没有战乱，太祖时代，“倭寇”就出现了。他们是日本南北内战中失败一方的武士，在海外活动以谋生计。他们之中，能贩卖的就是“商”，不能贩卖的就是掠夺的“寇”。自从大洋航道开通，外商的船只进入中国，除了西洋人会派遣大商舶，海岛的各国——尤其日本，都会投身于海商贸易中。重利之下，中国的商人也会参加走私活动，主要是将中国的商货从小口岸运到海上，或者经由附近的外国海港，转贩给西洋外商的大船舶。

这些中国的走私商人，既然并没有得到官家的许可，遭到官家的取缔和民间的对抗，就形成了所谓“海盗”。所谓“倭

明仇英《倭寇图卷》。现藏日本东京大学史料编纂所，描绘了明军对抗嘉靖时期倭寇入侵，最终获胜的情景

寇”，其实常常是日本人和中国私商的联合组织。倭寇的活动范围，主要在南方从浙江到广东的口岸。明代政府也以很大的人力、物力，试图取缔这种海上活动，但成果有限。南方有倭寇之乱的地区，大致都在海岸附近，并不在内陆。中国人凭借海上活动移徙南洋者，为数不少，举例而言，今天马来半岛的马六甲，就有约六百年历史的华人社区。这种沿着大洋航道发展起来的华人社区分布沿线各处。如果当时中国政府也像欧洲列强一样，对海上活动加以鼓励和支持，而不是大力剿除，中国人在东南亚的力量绝对比今天更为巨大！

文化方面，蒙古时代东、西交通方便，许多中亚、西亚和欧洲的知识与信仰，都可以进入中国。明代陆路的交通断了，海上的交通却是空前发达，尤其大洋航道开通以后，葡萄牙人“借用”澳门，成为西方和中国接触的窗口。沿着这条路进来的，主要是基督教和西方前近代的科学与思想。那些天主教士带来的知识和影响已经众所皆知，不必在此重复。不过，将当时经过葡萄牙人和天主教传入中国的西方事物，与经过荷兰人和新教传入日本的西方知识相比，日本人接受的部分就比中国接受的要更切近于现代。仅以天文学为例，在中国，天主教徒带来的天文知识，是第谷[1]调和传统与现代

1 第谷（Tycho Brahe, 1546—1601），丹麦天文学家。他认为太阳围绕地球做圆周运动，其他星体则围绕太阳做圆周运动，这一点比当时的地心说已经有所进步。明朝崇祯年间的《时宪历》，就是由耶稣会士主要根据第谷的天文观测结果参与制作的。

理论的天文学，因为天主教并不接受哥白尼和伽利略的太阳中心论。荷兰人带给日本的现代资本主义的贸易方式，也不同于葡萄牙商贩带来的官家包办的贸易方式。这一差异，可能相当程度地决定了后世中国和日本对现代文明的接受程度。

回到文化方面，明代极度专制的君权，使大部分的文化精英屈服于君权之下。可是，也有一些具有道德勇气的学者和官员，以性命维护儒家的人本理想和谏箴的传统。从明初的方孝孺到明末的东林党，许多可敬的人物舍生取义。思想方面，王阳明学派兴起，着重心性自由，一矫朱学对人际伦理的坚持。明代晚期，阳明之学分出许多支派，其中最值得注意者，乃是明清之际黄宗羲等人的民主思想和方以智等人的科学观念。可惜，满族入主中原导致又一次君权高涨，不容许这方面再有更多的发展。

明代中国，在世界全球化的长程历史上也有一定的地位。元朝时，东亚和中亚、中东都连结为一体，海陆两道都很通畅。明代兴起后，陆路断绝，但是海路仍存，从中国经过南海进入印度洋，分道航向波斯湾和红海的船舶，不论阿拉伯船、印度船还是中国船只，乘风破浪，来往不绝。前面曾经提过，在大洋航道开启时，中国的南部，因为对外贸易的关系，经济发达。不过，对大洋航道历史的定义，不必狭窄地以发现新大陆为起点，在这以前，大洋航道东半段已经非常畅通。

国与国之间，不仅有商货来往，也有文化交流，这对生产力有一定的促进功能。上一章也曾经提起，元朝时，中国的知识分子社会地位不高，因此许多人将精力放在实用的项目上。有明一代，记载工艺、农技、水利、医药等方面的典籍数以百计，其中最著名的，当然是李时珍的《本草纲目》、宋应星的《天工开物》以及茅元仪的《武备志》等。这些书籍反映了中国的生产能力在当时世界上名列前茅。甚至于中国邻近的高丽、日本、安南等处的工艺水平，也各有专长。因此，东亚世界与伊斯兰教世界之间的贸易，一般言之，东方是输出国，中东是输入国，至于南海和印度洋各处，则是国际贸易的中转站。

海道上各处的船只帆樯相望，彼此之间也会学习模仿。中国的指南针，当然在各处早已使用。中国船舶的隔水舱、垂直舵、平衡板，都为印度船和阿拉伯船模仿。阿拉伯船的三角帆和尖底结构也被中国人学习，用于大型船只，代替过去的平帆和元宝底。郑和下西洋，至今其目的仍聚讼纷纭，难有结论。他七次航行，所到的港口遍及太平洋和印度洋，对于确定国际航线当然有一定的意义。中国工艺技术中，青花瓷、景泰蓝、漆器和纸张、木器的制作技术，以及铸铁、冶钢种种技术，都是中东从中国买去的重要项目。农产方面，已如前节叙述，新大陆被发现后，其作物如地瓜、玉米、辣椒、南瓜等，对中国农业有极大的帮助，使得中国的可耕地面积大为增加，人口也因此急速上升。

最后一点，过去的战争大多都用冷兵器作战。中国发明火药为时甚早，主要用于节庆和娱乐。然而，在宋代，火器已经用于战争，虞允文在采石矶抵抗金兵的战役，就是凭借火器取得胜利。蒙古西征时，火药已经是常用武器，而且蒙古人使用阿拉伯人的抛石器，将火药投射破城，这是原始的炸弹。在欧洲历史上，炸药作为攻城的武器，可以摧毁封建领主的城堡，封建社会随之崩解。当时，东方和西方都使用炸药。中国使用的火器，种类繁多，各有功能，例如用风筝和热气球载送的天雷，用火箭筒发射的炸药，以及用于各种地形的地雷，在明代的战争中已是常见。戚继光的《纪效新书》中就有许多不同火器的图样，而《武备志》中也有单独的"火器"一部，说明各种火器制造的方法。在明代晚期，葡萄牙人、西班牙人、荷兰人带来了他们制作的大炮和火枪，其设计水平、功效都超过中国传统火器。中国人因此必须设法取得西方的火器。就人类热兵器的发展史而言，在这一个关口，中国的设计不如西方，于是在战场上，中国终于被西方击败。这一段中西武力的消长，在世界历史上具有特别的意义：到了清代，西方的火器不断改进，中国的热兵器则始终停在原有的水平上，西风终于压倒了东风——这是世界全球化过程中，西方取得主宰地位的关键。

总结而论，明代固然恢复了汉人自己的统治，却丧失了天下国家的包容气度，也没有消除征服王朝留下的专制统治。到了清朝时，这一遗毒被另一征服王朝继承，中国又沦为征服之地。六七百年来，连续不断的集权专制，以及闭塞的形势，使中国失去主动积极的气魄，当近代的世界正在迈入现代时，中国落后了七百年！如果中国以如此长久而且丰富的人文思想传统和天下国家的豁达包容气度，也参加了七百年来走向全球化的过程，这对人类历史的正面影响将是如何巨大！这是中国历史的悲剧，也是世界历史的不幸。

第十二章

清代：最后一个征服王朝（上）

满洲人进入中国，建立了最后一个征服王朝。满洲人起自辽东，乃是鲜卑、契丹、女真族之后，又一次，东北的民族扩张版图，最终夺取了中原。在蒙古铁骑狂飙时，从东蒙古到沿海的东北族群都臣服于蒙古大帝国。明代建国，东北部的族群并没有统一的单位，纷纷以羁縻卫所的名义归属大明。这些遥远地区实际上各自为政，并不受中央的干扰，仅在东北地区有事时，中央政府才征发他们参与战争，例如中国救援朝鲜、抵御日本侵略时，东北的卫所也参加了战争。中国本部和东北之间虽以长城为界，却也有许多汉人移入关外，开发广大地区。因此，不仅山海关外的辽东地区已有许多汉人居住，那些满人的聚落也逐渐汉化，居住在城市，他们的领袖常常被称为“城主”。

东北民族本来就不是草原上的游牧族群，他们居住在森林与河流地带，以渔猎为生，以农耕为辅。汉人带来的农业，东北族群并不完全陌生。从中国过去的历史看，以草原起家的征服者，例如匈奴、突厥和蒙古，都是从草原的游牧群体聚集为战斗部落，建立游牧王国，然后，从草原来的铁骑踏破边墙，征服中原。起自东北的征服者，往往是从东北扩张，进入草原后，取得草原的马匹，然后向南进攻。历代征服王朝，拓跋（魏）、契丹（辽）和女真（金），都是通过如此方式，以草原的力量进入中原。

在这几个东北族群之中，满族在关外发展的农业文化和与其相当的组织，可能都比契丹、女真族，更有利于在征服后适应中国的帝国形态。在努尔哈赤兴起前，这些满洲人分为许多族群，每个群由贝勒（相当于王爷或是公爷）管理——贝勒也是族长。许多散居族群的人口并不多，也没有确定的疆域，其间偶尔产生霸主，但是并不能长久地维持领导地位。明代在东北地区有驻屯的军队，在日本的丰臣秀吉入侵朝鲜失败以后，这些驻屯军常驻不撤，驻军的统帅实质上有管理这些贝勒的权力。因此，东北地区满洲人所属的羁縻卫所与明代驻军有统属的关系。努尔哈赤的祖、父两代，都在权力斗争中被别的贝勒欺凌。在努尔哈赤的手上，凭借着祖、父留下的一支薄弱武力，竟然慢慢扩大，成为许多贝勒的共主。

在努尔哈赤时代，满洲部落的组织经过演化，组合为八个旗，旗主由努尔哈赤的亲属担任，努尔哈赤自己和他的弟弟则是共同领袖——他们共同领导满洲部众。今天沈阳的“十王亭”，据说就是他们议政的地方，这反映出努尔哈赤的时代十王集体领导的体制。很快地，努尔哈赤独占了最高领导权，八旗旗主成为他的部下，不再是并肩同坐的王爷了。八旗旗主在努尔哈赤权力大到足够称帝时，即由亲王出任。虽然有如此的演化过程，每个旗的旗丁，平时皆民，战时皆兵，他们与旗主乃是主奴关系。旗主们与努尔哈赤及其继任者也不再是集体领导下的平等伙伴，而是尊卑有别的君臣关系。因此，在称帝以前，领袖是满洲部众的家长，也是主人，这种双重身份——君权和家长权——在清朝时代延续不变。从另一个角度看，亲王们仍旧与皇帝共享满洲的统治权。亲王议政的制度，到皇太极以后才逐渐改变。然而，每一代君主身边还是有辅助皇帝的亲王。在雍正时代，军机处成立，作为皇帝的统治中心。军机处中通常有亲王辅助，也有亲王分管重要的部级单位。如此的安排，正说明了清朝的皇权既是皇帝个人的权力，也是以家族式的形态来辅助和共享皇帝的权力。

政府六部和同级单位的正、副长官，都有满、汉两套人员，他们共同执掌权力。这一制度，显然是以汉人官员办事，以满人官员监督。清朝是一个征服王朝，满人的地位，不言而喻，是征服者。依据上述安排，清朝的皇权比之前的征服王朝更为制度化地反映了征服者与被征服者之间的主从关系。

明代的中国本部与东北地区之间，有一道“边墙”，也就是明代的万里长城东半段，其终点是山海关。这条“边墙”之东的辽河流域，虽然满洲人口占多数，却也有汉人居住，尤其在明代屡次人口迁移的过程中，汉人移往关外的也不为少数。在明代有效控制东北地区时，汉人人口当然是明廷的百姓；当努尔哈赤的力量扩大到能够控制这个地区时，若干汉人的大姓、大族或是屯垦的领袖（例如佟家），也逐渐归附满洲。这些人在编入满洲旗制时，被编为“汉军旗”，他们不在满洲八旗之内，却也是满洲军民合一的另外一支力量。从满洲领袖的角度而言，“汉军旗”的地位不如满洲，但是高于汉人。后来，满洲与明廷的冲突日亟，一些在山海关外的明军投降满洲——原来属于皮岛毛文龙部下的私人部队，都被纳入“汉军旗”，成为满洲力量征服中原的前导部队。当满洲力量逐渐渗入东蒙古的时候，一些蒙古部落也被编成“蒙旗”，作为满洲的附从者。这些蒙古领袖常常与清朝皇室长期保持贵族间的婚姻交换，因此，“蒙旗”的地位与满旗平等，高于“汉军旗”。凡此现象，说明清朝征服王朝的性质，与元朝或更早的辽、金都有所不同。

满族入关，经过康熙、雍正、乾隆三代的扩张，先是与草原东部的蒙古合作，向西开拓。三次大征伐过后，整个蒙古草原——包括漠北、漠西和天山的准部，都归属清朝。青海大草原上的蒙古部落，以及天山南北麓的回部，也都成为清朝的领土。西藏本来的统治者是蒙古的别部，清朝攻伐蒙古势力胜利后，废除世俗君主，支持藏传佛教的领袖达赖与班禅建立神权统治体制，代代转世，管理西藏。在北方和西北的广大领土上，清朝视这些民族为同盟，而不是如同汉人一样的被征服者。

中国历史上，草原民族征服汉土，通常有两种形态：一种是征服者移入中原，统治汉土；另一个形态是，留一些部众在老家，大部分的部众迁入中原。清朝的制度独成一格，他们以汉土的资源、人力和物力，支持大军征伐，取得整个北方和西北的草原与高地，然后将新获得的草原地区族群，看作自己的盟友，而不是臣属。因此，清朝帝国乃是一个两元的结构：北方、西北的族群直属于皇帝，皇帝经过内务府和理蕃院管理皇室与这些部众的来往。皇帝经常在草原上的一些猎场与蒙古王公会猎。清朝皇室与蒙古、西藏之间，是以朝贡与婚姻的方式，保持彼此间的密切关系。汉土的百姓是由帝国的政府进行统治，帝国的首都在北京，而热河的承德围场则是清朝皇帝与蒙藏领袖会晤的地点。清朝与蒙藏的共同信仰是藏传佛教，在承德有不少的喇嘛寺庙，象征清朝和这些蒙藏部族之间的密切关系。承德这个地点，可说是帝国草原部分的“首都”。

这种两元的帝国结构，引发中国疆土究竟该如何界定的困难。辛亥革命爆发，民国成立以后，清朝皇帝的逊位诏书确认把将来全部的领土转移给中华民国，这是民国疆域延续清朝帝国领土的法律根据。可是，日本人图谋侵略中国，还是屡次以清朝为两元帝国的理由，致力在满洲和蒙古分别成

《万法归一图》，绢本设色（现藏北京故宫博物院）。图中描绘的是乾隆三十六年（1771）承德普陀宗乘之庙落成庆典大法会的场面，乾隆端坐在殿内右侧的宝座，与他相对的，分三排跪着十位土尔扈特部的首领，全图视线中心在图的下部，为两位面对面讲法的活佛，其身后有一百多位藏传佛教弟子

立傀儡政权。

西南方面，元代与明代建立的土司制度也延续到清代。雍正朝，清朝政府施行改土归流政策，或用武力，或用劝说，将湖南西部、四川南部、云南、贵州和广西原居民的土司，大部分改为流官，归属于政府的州县体制之下。于是，广大的谷地、坡地和高原，逐渐开放为以汉人为主的移民区。当地少数民族，除了一些山高谷深的地区的民众，也随之逐渐同化。新大陆的农作物传入中国，尤其玉米、地瓜，都可以在这里的山区种植，扩大了耕地面积，也因此可以维持中国庞大人口的生计。

明代覆亡，南明的复国运动者，例如郑成功和鲁王的部下，还在福建、浙江活动。最后，郑成功进入台湾，立足海上。康熙朝取得台湾，郑氏的部队有些流散到海外，有些并入清朝的汉军。康熙、雍正、乾隆时期，从福建、广东地区进入台湾的移民，逐渐开发了台湾的西部；嘉庆朝，政府正式开放到台湾的移民活动，大陆人口移入台湾者，前后大概有三百万。（在此以前，台湾和大陆接触并不十分密切，沿海居民对台湾的知识其实非常有限，经过明郑的开发，这一个东海的大岛与大陆的联系才日益密切起来。）

在清朝直接统治的疆域之外，东北方面的朝鲜、东方的琉球（中山国）、南方的安南、西南的缅甸和暹罗、西藏沿边的尼泊尔和不丹，以及中亚的一些小部落国，都是清朝的朝贡国。清朝对这些朝贡国，其实并不干预他们的内政，也并不要求他们定期朝贡。宗主与藩属之间并没有明确的权利和义务。不过，乾隆朝曾经派遣军队干预安南和缅甸的内部政争，这两次对南方和西南藩国的干预并没有取得胜利，虽然乾隆将这两次战争列入十大武功[1]之内，实际上是战地指挥官讳败为胜，蒙骗皇帝。

清朝极盛时代的版图不小于唐代。只是，唐代政府对草原地区的控制，不如清朝采用两元格局的方式，后者对其有直接的统辖。这一个看上去似乎是传统的“天下国家”，论及实际，也就和元代一样，是一个征服王朝，并不具备“近悦远来”的气度。

清朝帝国的格局，应当是以草原战斗部落为基础扩大而成的征服帝国。经过元朝征服王朝的暴力统治，接着朱明又继承了元朝的极端专制制度，清朝具有同样暴力专制的特质：因此，这三个朝代，经过六百多年的统治，皇朝的统治方式已经与汉代以来的帝国体制有根本的不同处。按汉代的天命观念，君主必须向天命负责，而且天命有其时代性意义——所谓“运”，就是“一个时代”的代名词。假如按照孟子和董仲舒的理想，天视、天听其实都不过是民视、民听——天命是可更改的，得民心则得天下。至少在理论上，君主的权威不是倚仗暴力、战斗和征服。

1 十大武功，又称十全武功，为乾隆对自己一生成就的总结，分别是两次平定准噶尔之役、平定大小和卓之乱、两次金川之役、镇压台湾林爽文起义、缅甸之役、安南之役及两次抗击廓尔喀之役。

清朝帝国的格局中，满洲八旗是战斗单位，民和军合二为一，最上面则是唯一的君主，依仗武力的优势，成为所有臣民的主人。清朝政府的权力核心，先是内阁，雍正以后是军机处，基本结构都是皇帝自己亲政，加上一两位亲王作为辅政，配合少数几位大臣、近臣，作为君主决策的中心。清朝皇权的内朝，至少比明代宦官的司礼监稍微合理。然而，内廷的决策直接交付政府六部和相关单位遵旨执行，君主权力无人可以挑战，也无人可以矫正。汉代的廷议和唐代的三省制衡，在明清两代都不见了。

君主与旗民之间，是主子和奴才的关系。汉军旗当然又在满旗之下，蒙旗则是满旗的亲戚。此外，还有一批所谓包衣，则是满人扩展时被掳掠为奴的人众（主要成分是汉人百姓），后来被编入旗下的佐领[1]。每一个八旗的贵族还有自己的包衣，把他们编制在自己的单位之下。这些包衣的地位，当然就是奴才，主奴关系世代传袭。奴才和主子在日常生活上往往非常接近，于是，清朝的制度里，尤其在清代前半截，许多重要的职务是由包衣出身的奴才担任——得势的奴隶也常常还有自己的奴隶。整个帝国的结构是君主为奴隶共主，结合不同阶级地位的奴才，统治众多的汉人。康、雍、乾三朝，许多地方大吏和统兵大将本来是包衣出身，平日对着汉人耀

1　佐领，满语“牛录”（音译）的汉名，牛录为清代八旗组织的基本单位，兼具行政、生产、军事职能，其首领亦称为佐领，由包衣编制成的佐领，称包衣佐领。

武扬威，一旦失宠，就被打回包衣的奴隶身份。所有旗人相对于君主都自称“奴才”，汉人则甚至不配以“奴才”自居。因此，即使是统治阶层的满洲人，在奴隶体制之下，也是没有尊严的。

如前章所陈述，明代社会的精英，也就是经过科举出身的缙绅，他们所经由的科考，以朱子学为主，灌输给读书人忠君、守礼的观念；君权恩威并用，利用“胡萝卜”和“棒子”驯化读书人，作为统治者的工具。清代延续明代统治国家的策略，入关以后，一方面以武力压迫汉人易服剃发，抛弃自己的文化传统的象征，并且屡次以大大小小的文字狱，压制反抗的思想和行动；另外一方面，将读书人困在科举制度的牢笼下，服从者有富有贵，不服从者被打入底层。历史上，中国的儒生阶层曾经屡有节烈之士，代表文化的良心、社会的正道，抗议皇权与政权。直到明代，舍身抗议的人物还是有很多，相对而言，在清代，这种代表文化和道德的人士就少多了。

清朝君权一如明代，借刑罚剪除谔谔之士，又以八股文章消磨读书人的志气。清代两百多年产生状元百余人，其中真正有功业可称的寥寥无几。单从这一个指标就可以看出，科举取士并不是取贤取能，而是取“乖乖牌”。于是，国家暴力居于权力的上层，而中层则是这些驯服的文官，在朝俯首服从，在乡鱼肉百姓。中国文化传统里，以儒家理想平衡国家暴力，无非依靠一批不为权势屈服、不受利禄收买的“士”

来撑持文化的良心。经过元朝、明朝和清朝三个政权的持续统治，社会精英渐渐消沉，文化活力也随之衰没。

如此专制的统治上层，其最早的权力基础当然是八旗的武装力量。入关以后，八旗的实力不够，必须配合投降的汉军来共同征服天下。在天下大定以后，清廷削“三藩”[1]，基本上去除了汉军的实力。八旗的战斗部队，则分别驻戍在全国重要地点，如杭州、广州、福州、成都、荆州、西安等处都有满城或是旗营扼守战略要地。在康、雍、乾三代，针对北方的屡次用兵，使得八旗的实力消耗了不少；两三代以后，八旗的子弟安享富贵，也失去了战斗力。乾隆以后，中国没有常设的国防军，各地旗营都不过是旗人居住的地方而已，国家有事，即需依靠临时招募的汉人部队，组建所谓的“绿营”担负战斗任务。这些招募的军人，社会地位不高，战斗单位的延续性很弱。因此，清朝的后半段实际上没有常设的军备。这也是历史的吊诡之处：在乾隆时代，英国马戛尔尼使团来华，他们回去后在撰写的报告里，表示中国是个不设防的国家。

清朝能够维持专制的局面，基本上就是依靠爵禄收买文化精英，他们已经习惯于“忠君”，不再为大是大非提出抗议。在太平军以后，平乱的湘军、淮军，俨然是全国唯一可以作

1　三藩，指平西王吴三桂、平南王尚可喜、靖南王耿精忠。清初，清廷采取“以汉制汉”的政策，分派有功的汉人降将，管理部分南方省份。后来三藩势力甚大，康熙于康熙十二年作出撤藩决议，三藩举兵反叛，至康熙二十年，三藩之乱才被平定。

战的部队。当时的有识之士，无人不知道世界正在面临大变，然而，湘军的领袖在这个关键时刻，竟然没有以武力来要挟政府进行改革，号为“一代名臣”的曾国藩、左宗棠、李鸿章、张之洞，竟无法放下自己的君臣伦理观念（说白一点，另一形态的主奴关系）。八国联军侵华，帝后出亡，国将不国，封疆大吏也无人敢扶持光绪进行改革。清朝晚期，革命风气大盛，真正参加革命的人物，很少是“文化精英”中人，孙中山即是出身中国社会边缘的人物，他初期发动革命的力量，也始终不能离开会党那些边缘性组织。由此可见，威胁、利诱两个手段相比，自古以来，利诱的功效往往比威胁更大。

本章论述，都在清朝政权性质方面，下章再继续讨论经济与文化部分。

第十三章

清代：最后一个征服王朝（下）

清朝帝国既以强大的征服者姿态，拥有暴力统治的基础，又根据中国传统皇权，驯服了文化精英。在这种背景之下，清代的文化活动，毋宁也是在皇权的掌握之下。康、雍、乾三代，朝廷发起的文化活动，一部分是压制明代开始的阳明学传统，另一部分则是严防汉人知识分子的反清运动。明末清初，中国读书人发展出了自由心态，并且对过去的历史展开检讨，例如黄宗羲在《明夷待访录》中所主张的政治改革，和顾炎武对中国历史文化的批判——凡此，清朝政权都不愿发生，王船山《读通鉴论》中提到的反清的民族主义，和吕留良等人主张的复明运动，更是受到强力的排斥和压制。

清朝皇室一方面以修《明史》的名义，抓住对明清鼎革之际的历史解释权，取缔民间修撰的明史稿，发动大规模的文字狱，吓阻汉人再做同样的尝试；另一方面，政府主动编撰大型的丛书，例如《四库全书》，以这个方式选择性地排斥不利于“夷狄”的记载。这些大型的编撰工作，发动了大量学术精英参与，借此将这些儒生笼络于政府掌握之下。乾、嘉以后朴学大兴，儒生的精力都集中在考证和校勘上，致力使经典回归原来的面貌。这一活动，从好的角度说，是排除后世对古代经典的扭曲之处；换一个角度来看，致力于还原经典的原貌成为学术主流，对经典的阐释就无人再做努力。于是，经典的意义永远保留在原典状态，不再有与时俱进的解释和开展。经典固定了，不断更新经典意义的活力也就丧失了。对儒家经典的阐释只停留在朱学的解释，也就是伦常纲纪的意义，对统治者而言，这最有利于肯定忠君的思想和伦理观念。

经过清初百余年皇权的强力干预，中国的儒生都成为俯首从命的书呆子。明代留下的经世传统，只存在于颜元、李塨的实用之学[1]中。汉代今文学派以下，对宇宙论和历史发展论的解释只是不绝如缕而已。儒家传统的结晶化也就是僵化持续到晚清，恰当中国面临文化危机的时候。在将近三百年之久的时间里，中国文化缺少开展的活力。这一特色，可以见之于清代的艺术：例如清代绘画的主流几乎都是模仿过去

1 颜元及其学生李塨，倡导实学，主张“实文、实行、实体、实用”，被称为颜李学派。

的作品，山水画画家“四王”[1]的作品缺乏创造性。又例如，清代的瓷器和家具，多姿多彩而烦琐，失去了明代青花瓷和明代简单线条的家具那种素雅的艺术风格。在主流以外的艺术圈，例如“扬州八怪”等人，却发展了一些新鲜的主题和风格。

在文学和表演艺术层面，清代的成就乃是小说和京剧，两者都是主流以外的边缘人物创造的成就。文学领域里，民间说书人为小说提供素材，而且由此创作了一些长篇著作。曹雪芹当然不是民间的说书人，但是他也不属于当时文化界的主流。现在成为中国传统舞台艺术重要形态的京剧，乃是一批徽班演员撷取了昆曲、汉剧等地方戏曲的精华，综合而成的复杂而优美的舞台艺术。凡此例证都指向，政治力量的高压与收买固然驯服了文化的精英群，那些边缘地带的人物却还是可以在夹缝中脱颖而出，对文化的转型和发展做出重大的贡献。

文化传统主流的儒学既然已经僵化，于是一些民间的宗教活动从边缘出发，掌握了基层老百姓的精神需求。最值得注意者，乃是从中亚传来的启示性信仰发展而来的白莲教。这一个教派源远流长，可以上溯到民间道教、佛教和摩尼教。在元代末年，最大的一支抗元武力就是明教的教徒。在明代，

1　清初画家“四王”，分别是王时敏、王鉴、王原祁和王翚，他们注重学习、借鉴、模仿古人的布局、立意、色彩等，是清初画坛的主流派别。

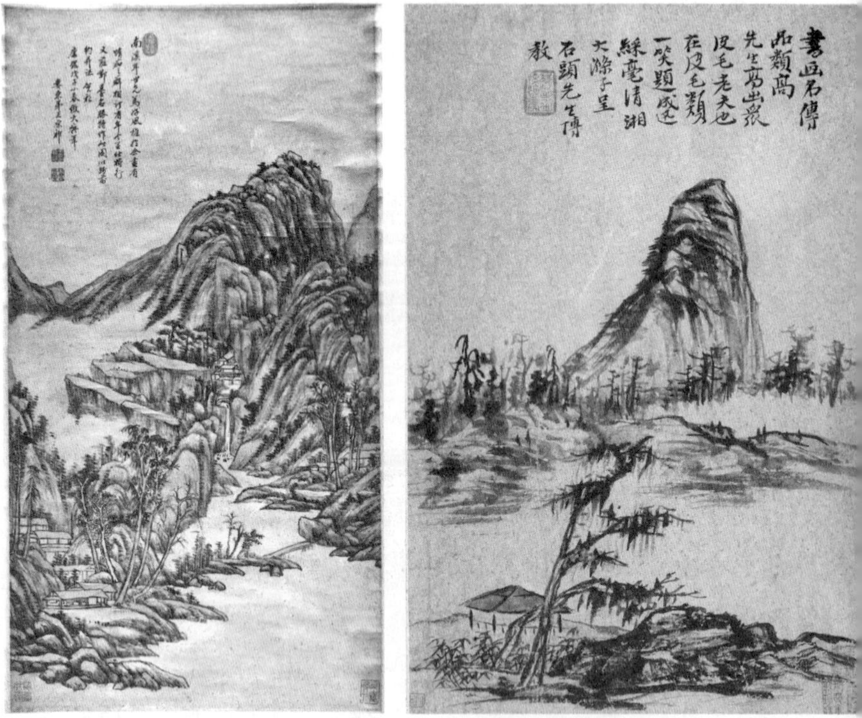

以四王为代表的传统文人画，过于强调笔墨技法；与王原祁同时代的石涛则用另一种更突显个性的方式作画（左为王原祁《仿大痴山水图轴》，藏于天津艺术博物馆；右为石涛《赠刘石头册》第一叶，藏于纳尔逊－阿特金斯艺术博物馆）

明教以更隐蔽的方式潜伏在民间，与此同时，白莲教也遭到取缔禁令的压制。乾、嘉时代，白莲教的活动从川楚到山东、山西都有分布，范围广大，活动频繁。嘉庆年间，白莲教教徒甚至曾经一度攻入紫禁城，在各处的起事也是前仆后继，成为当时主要的内乱之一。西南地区和西北地区的伊斯兰教，既有西域族群反抗清朝的成分，也有伊斯兰教教派起事的性质。清朝中期以后，频繁的回乱，从甘肃到云南，延续颇久，也给政府造成相当大的困难。规模最大的一个宗教性活动，则是咸丰时代的太平天国。这一个冒充基督教的民间运动，实际上也是民间教派的活动，而且加上了反清复汉的族群意识。到清代快终了时，义和团的活动则将族群意识的矛头转向西方力量，它本身的意识形态和组织方式，仍旧属于中国民间教派活动的传统一脉。这几次大规模的内乱，可说是因为主流文化的儒家留下了一片空白，无法满足一般平民的精神需求，才由民间的教派活动填补了空缺。

在文化精英群已经失去活力时，对于本国的文化，他们只是墨守成规；对于外来的文化，因为自己没有信心，也就不能开放胸襟来接受新的挑战。明代，西方文化初入中国，有一批中国的学者，例如徐光启、李之藻等人，愿意和西方来的学者对话；又如，方以智更是从西方文化的启示上发展出一些可以融合中西的想法。在清朝时，西方的影响却逐渐淡化。胸襟最开阔的康熙，自己也从西方传教士那里学习西方数学，但是，也是康熙，因为大礼之争，实质上停止了西方的传教活动。这些西方传教士从此只能在钦天监工作，因为相较于中国传统天文学和中东传来的阿拉伯天文学，西方的天文学毕竟更为精确。政府限制传教士们只能在首都附近活动，他们也没有机会和中国的知识分子接触来往。

甚至于在武备方面，清朝也采取保守态度，不再使用和发展西方的火器。在清人入关前后，明、清交战双方都曾使用火器。替清人做前锋的汉军部队一路征战，使用铳炮，势如破竹。在康、雍、乾三代，向北方和西方扩张时，清人的军队使用过大量的火器，其中很多是开国时汉军部队留下的武备。几次大战役，把这些火器几乎消耗净尽。在乾隆时期，进攻大、小金川，清人军队已不见重装备，全靠火枪作战。然而，乾隆认为满洲武勇是以骑射为长，不应该数典忘祖，放下自己的传统。清早期的三代以后，中国没有再出现制造和修理火器的兵工厂。直到清末洋务运动时，才重新接上发展火器的传统。十七八世纪时，民族国家在西方逐渐兴起，国与国之间的竞争以发展武备为要件。17 世纪初期的枪炮，和当时中国使用的火器，精密程度相差不远。到了 18 世纪初，中国没有再发展，而欧洲的军火技术却已经突飞猛进。单以火枪而论，从点火线的“铳”，已经发展成用撞针敲击子弹发射的步枪。如同前章所叙述，乾隆时代，访问中国的英国代表团回国时曾报告：中国是个没有国防军备的国家。果然，在鸦片战争时，广州虎门炮台上只有平定三藩之乱时使用的“红衣大炮”，对方的则是当时最先进的海军炮！

明朝末年，火炮和火枪已经用于实际作战。本图采自《太祖实录战图》，描绘的是明军火枪手正在向清军开火

《乾隆头等侍卫占音保像》（现藏美国大都会艺术博物馆）。这是满族士兵的典型装束。从其强调“骑射”的特点来看，清朝似乎并不重视枪炮等现代兵器

自从蒙古帝国打通了东西之间的海陆信道，欧亚大陆上知识的传播相当流畅。中国的许多传统工艺，例如瓷器的烧釉、毛丝织品的混纺技术，甚至传统中药的药材都有相当多的改变。明末，西洋“水法”传入中国，水压喷泉和流水技术也被用于庭园和灌溉。被八国联军烧毁的圆明园，其建筑方式，包括格局和上述水法，都有西方的影响。康、雍、乾三代以后，中国的工艺基本上停滞不动。清代中叶以后，中国的建筑技术不再容纳西方的方法和观念。

文化的闭关，恰是在清代“盛世”之时开始。到了清末，中国必须接受西方文化时，从元明以来到清初的西方影响，都已经湮没不彰。实际上所谓“盛世”，乃是文化活力的消沉。整个清代，除了皇室宫殿、庭园，中国没有大规模的公共工程。那些规模巨大的工程，主要只有防止黄河泛滥的河工和保持漕运畅通的运河工程。中国传统的筑路、开河、国防工程等大型的公共建设都未见进行。明末已经有相当不错的海船制造技术，自从清朝接收台湾以后，中国再也不能制造可以远洋航行的大船，其技术也停滞下来。凡此现象，都显示了清朝政权只是以威权统治中国，从来没想到要在原有的文化基础上扩张和发展——这也许真的是结束的开始（beginning of the end）。

经济方面，一般人也称康、雍、乾为“盛世”。若以人口数字而论，明代本来已经有超过一亿半的人口，经过明末大乱，人口减少了三分之一到一半。清朝开国时，人口大概只有八千万，经过休养生息，康熙时代大概又过了一亿。康熙对自己统治中国的成就非常自满，他于康熙五十一年（1712）发布诏书，宣布盛世滋丁，永不加赋。从秦、汉开始，中国列朝国家的收入，一部分是人口税，一部分是田亩税，有时再加上丝帛，作为农余生产的产品。经过康熙“永不加赋”的诏书，政府收入从此只有田赋为主，再加上特种税“榷”和过路税“关”。从国家财政的角度看，单单以既有的田亩作为税基，其实是不够用的。

从好的方面看，政府不收人口税，人口的增长速度自然加快。换个角度看，自古以来，政府与人民之间存在直接关系。由于人口的增长不再是政府关心的项目，官民之间也就失去了互相联系的脉络。汉代“社”和“里”的管理乃是国家机器直达基层的体制。当官民之间不再有联系时，政府能够与民间相接触的点，也就局限于地方官和地方绅士；一般老百姓必须要经过公（地方官）、私（地方绅士）两条管道，才能够理解到“国家”的存在。传统的“天下国家”，应当是国家下面就是广土众民，现在，“天下国家”剩了一个皇上，和一群奴颜婢膝的官僚而已。

当然，人丁不再列入国家统计项目时，人口大幅增加，已有的生产资本——土地，就会不足以维持大众的生计。增添的人口，必须要有新的土地资源来养活。于是，清朝增长的人口不断开发新的耕地。前面曾经说过，西南地区的改土归流，与内地人口大量移入西南有直接的关系。在内地，人口从窄乡移到宽乡，其实已是常见的现象，例如赣南、皖南、湘南，这三片在南岭北麓的丘陵地带，不断吸纳黄、淮流域受困于自然灾害的人口。明末，四川的人口大量减少，所谓“湖广填四川”，就指大量移民从湖北东部、南部入川。清朝统治者将今天的东北各省视为老家，不许一般人移入，然而，山东的人口其实经常渡过渤海，进入辽河流域，再由此扩张到今天东北的全部。

这些内部的人口迁移，在明代已经开始。不过明代的移民是官家主导的，而清代这种内部的迁徙，却是百姓自发的。从清代的官书资料中，常见地方官忽然发现有成万的外来人口移入该地，于是慌忙上奏，甚至建议清剿。其实，这种忽然出现的大量新人，就是自动移到该地开荒的窄乡人口。在这一个现象下，增加的人口成为开拓田亩的生力军。田亩开拓了，地方当局可以从新开的田亩上征收田赋，这是“歪打正着”的现象：“盛世滋丁”替国家增加了征收田赋的耕地面积，因此国家也有相当稳定成长的新税源。整体而言，国家的经济体虽然在质的方面并没有改变，在量的方面确实扩大了。到了嘉、道时期，中国人口大约过了二亿，到清末时，就到四亿左右了。由于人口增长而使经济体扩大，乃是清朝中国经济的特色。从人口与生产力的比例而论，生产力增加了，但是民众生活的方式和质量其实没有改善。

在十七八世纪，中国的对外贸易还是出超。中国出口的项目，仍旧是以传统的丝织品和瓷器为主体，再加上向东南亚一带输出的工艺品。欧洲国家经过长程贸易，用新大陆的白银换取中国的产品。中国吸纳了大量的白银，应当非常富足，然而，这些经过贸易顺差而获得的财富，并没有转换成再投资的资本，反而造成了使物价上涨的通货膨胀。作为丝织品和瓷器生产地的东南地带，确实有累积的财富，可是这些财富也只是支撑了富人奢侈的日常生活。北方和内地的一般老百姓,反而要承受通货膨胀、购买力不足之苦。英国发现，对华贸易经常入超，力求找到可以平衡逆差的商品。他们终于发现可以用鸦片贸易来平衡国际贸易的差额。从此开始，鸦片毒品输入中国的数字年年上涨，中国的贸易顺差从此消失，不仅农村开始凋敝，而且因为吸毒，中国人的健康也大受影响。从明代晚期开始，中国进入了全球性经济圈，而自清朝中叶开始，第一阶段的全球化却对中国的经济造成了极大的灾害。

清朝的统治机构，如前面所说，是满汉两套重叠的官僚系统，这种体制本来就不可能有很高的效率。也如前所说，那些经过科举进入文官体系的儒生，学习的是僵化的经典，畏惧的是不测的君威。他们习惯于唯唯诺诺，不做积极的抗议，只是顺从意旨，以保富贵。当然也有些能干的官吏，可是在大潮流之下，少数优秀的官员难以发生作用。从乾隆时代开始，当国用不足时，政府往往以捐纳作为筹款的手段，捐纳的报酬可能是虚衔，也可能是实质的官职。尤其在鸦片战争和太平天国运动以后，政府的正常税收完全不足以应付国用，捐官成了政府筹款的常用手段。政府之内充满用钱财买得职位的人员，这样的政府机器，不可能有正常操作，更不要说具有应对内外危机的能力。清末内忧外患，正是必须要因应新的情势、做重大改革的时候，可是清朝政府以及社会文化精英，都已不能担起扭转局势的任务。

综合而言，清朝二百多年来的统治，从表面上看来虽然一样是征服王朝，清朝疆域扩张到极限，几乎超过了汉、唐最盛的时代，两百年人口增加的幅度也是史无前例，凡此所作所为，似乎清朝比元朝高明，实际言之，元朝的高压统治只是一味地使用武力，并没有机会严重地斫伤中国的文化基础，中国的基层社会在元朝还保留一些独自运作的能力，而清朝的统治，看起来是一个天下帝国的格局，其实是将草原上的力量结合为一片，通过威胁和利诱恩威并施，将中国的文化精英压倒、扭曲，也使汉代的“天下帝国”所植根的基层涣散，不再凝聚。那二百多年，正是现代世界文明开展的阶段，而中国两千多年来政治、文化、经济“三位一体”，经过两百年来的斫伤，再也不能有参与全球性大转变的机会和能力。中国在皇权体制下，结合儒家思想的价值观和精耕细作的农业 / 市场经济，有过两千年之久的不断调节、不断成长的过程，蔚为世界主要的政治 / 文化 / 经济共同体之一。明、清二代，竟见到古道、瘦马、西风、残照的晚景。

第十四章

后论：复杂共同体的形成（上）

正如前言所说，本书的各章分别讨论每个时代的变化，但是总的方向，则是将“中国”的观念做个比较详细的厘清。我习惯上使用系统论的方法分析历史现象，尤其所谓“大历史”的研究方法，不能从单独的事件着眼，必须从各种现象的交互作用来观察整体的变化。

我将“中国”看作一个体系复杂的共同体。这一个共同体的涵盖面，在时代上，我们从新石器时代的情况开始讨论，最后结束于皇朝体制的终结，也就是清朝覆亡，中国建立新的体制。在时间轴上看，我们考虑的长度约有一万年以上；在空间层面上整体而言，中国共同体经常覆盖的地区，乃是亚洲大陆的东半边——蒙古高原为北线，邻近帕米尔高原的青藏高山地区作为西线，东边和南面都是直抵太平洋岸边。

这片广大的地区，绝大部分是温带，南边有一些部分已是热带。地区之内有个大弧形，从东北围绕到西南，这一个高山地带内，因为高度不同，又有高山气候的差别，海拔较高地带寒冷，海拔低下地带温暖，构成小地区内的气候差别。这一条件，当然都影响到生态环境和物产性质，也直接、间接决定了当地资源的性质。因此，这个共同体的确说得上是内部结构非常复杂的体系。

这一大块陆地却是完整的一体。今天所谓“西方”所在的地区，以欧洲大陆为主体，然后跨越大西洋，包括美洲大陆。这一个地区是分散的，依赖爱琴海、地中海、北海、波罗的海和大西洋作为西方体系内部区域间的联系。至于气候，西方体系所在地区基本上都在中纬度，南北差别并不大。在西方发展的最后一个阶段，以美国为主体的美洲大陆才有南北之间较大的生态差别。中国和西方的确呈现为两个不同的地理格局。这些差别终究会影响两个共同体，在历史上形成不同的发展模式。伊恩·莫里斯的《西方将主宰多久》一书，和本书在着眼点上有极大的区别。就因为他界定的“西方”包含中东、中亚、南亚，这一个定义与历史的实际状况颇有差别，本书不敢苟同。于是，本书和莫里斯一书达到的结论，有部分相当契合，也有非常不相符的部分。

“中国”这个共同体之内，最主要的互应变量，至少包括政治、经济、文化和社会四个方向。政治范围内，包括政权的性质和行政的结构；经济范围内，包括生产方式、生产力和资源的分配；文化范围内，包括意识形态、价值观念和宗教组织；社会范围内，包括社会结构、社会阶层，尤其注重精英阶层的作用。这四个方面交叉影响，互相制衡，总的结果呈现为复杂共同体本身的强弱、盛衰和聚散。

本书各章，是以大朝代为划分时代的标准。其实，政权的更替并不一定反映共同体的变化。只是因为中国的朝代划分已经约定俗成，所以被大家当作划分时代的标准。实际上，如前面各章所述，本书讨论到每一段的起落变化时，常常回顾过去，尤其回顾上一个时代，论述时代与时代之间的延续性。

在讨论新石器时代的部分，我们一方面论述各个地区的新石器文化及其特性，目的在于说明地区性核心文化如何形成；而在新石器时代后期，这些区域性核心，如何聚集为以黄河中游为中心的华夏文化。然后，江汉流域的南方文化和西方渭水流域的文化，融入中原的华夏，构成更广大地区的核心。这一过程中，各个地区的生态差别造成了生产方式和资源的不同，实际上定下了后代地区经济和地区文化互动的基础。这是复杂系统聚集各个单元的开始，有了中原文化作为核心，才可能结合为一个复杂系统。

讨论夏商周三代，虽然已经用朝代名称作为时代的定名，我们必须理解那个时代的朝代观念与后世皇朝并不相同。这三个朝代的发展，乃是以中原为核心的广大华夏，进一步地整合为古代中国的核心。这三个政权的政治权力逐渐集中，掌握资源的能力也不断扩大，因此，核心部分有更大能量，足以在文化与经济上将其影响力延伸到外围各处，预设了将来更进一步整合的基础。

春秋战国时代，列国体制逐渐形成。表面上看来，中国在分裂，实际上，这些分裂的列国却各自从核心的一部分向外扩张。列国扩张的综合成果，则是将核心的范围扩大了，收纳了许多本来处于边陲的人口和资源。而且，因为列国之间的竞争，他们在政权的制度和结构方面互相模仿，以求更有效地掌握资源。互相模仿的后果是，到了战国晚期，列国在政治和社会方面的特性几乎已经趋于一致，为秦汉郡县制度建构了统治的机制。列国体制与帝国体制之间的差别，只在于地方资源构成的经济互补与地区文化的交流上。

春秋战国时期，百家争鸣，儒家并不是主要的一家。古代的中国，从宗教信仰来说，大约可以有“神祇”和“祖灵”两个信仰方式。神祇信仰部分，渊源于对自然的崇拜和畏惧——人类总想取悦自然力量，他们往往会借重巫觋作为媒介。祖灵崇拜部分，则是基于人对自己血缘系统的认同，也有一部分植根于对死亡的畏惧，于是人类希望死去的亲人能保护自己和庇荫自己。神祇和自然崇拜的部分逐渐发展为阴阳五行的学说，在哲学的领域则发展为道家的自然思想。在后者，也就是祖灵崇拜的部分，儒家将商周封建体系的血缘组织观念和祖灵崇拜结合为一，构成以血缘关系为基础的伦理观念。儒家思想的旁支，则是将儒家理念落实于管理理论的所谓法家。

儒、道两大系统在秦汉时期，逐渐综合为庞大的思想体系。例如《吕氏春秋》和《淮南子》都不是一家之说，而是致力于编织庞大的宇宙论。汉代的董仲舒则是以儒家为基础，建构了一个涵盖宇宙论和道德论的自然哲学理论体系。董仲舒学说的延伸，更将皇权的基础放在神祇思想的基盘上，将“天意”总结为“泛神的力量”——于是“承受天命”，就成为中国皇权的理论基础。因此，汉代儒家几乎自居为天命的代言者，也就相当于古代的“大巫”，能替天立言。两千年来，儒家始终有一些人立志要制衡专制的皇权，也就是基于如此的使命感。这一文化因素的涵化能量极为强大，不仅在初阶发挥其统摄的作用，而且在后世还会继续产生维系作用。从春秋时代儒家出现开始，经过诸子百家的相激相荡，中国文化的枢轴时代已走完了全程。这一庞大而且复杂的系统，其主要部分具备了超越价值，使这一系统的文化部分具有巨大的“涵酝”能量。

经过四百多年的统治，秦汉皇朝终于将“中国”的核心确定为黄河、长江两大流域，尤其黄河、长江中游一带，更是核心中的核心。古代华夏的中原，经过秦汉以后，成为所谓“中国”的本部。这个本部又不断地充实、联系边陲的交通线，文化与经济两项资源在其间流动，逐渐形成各地之间交换的机制——正如蜘蛛网，从中心放射的网线逐渐发展成一张结实的大网。秦汉中国经过经济与文化的扩张，建构了一个巨大的共同体，其交换网线的作用，构成了后世中国扩张的基础。尤其在经济方面，从战国到秦汉逐渐形成的精耕农业，使中国的农业长期具有小农经营和市场经济互相依附的特性。前者造成了中国人口安土重迁的习性，后者的影响则是，区域交换发展而成的经济网络，常常在政治处于分裂的状态时，维持经济整体性的存在，因此，国家终于呈现“分久必合”的现象。

这一时期社会力的基础，从由过去封君都邑转化而来的城市转移到了农村，而且农村孕育了耕读传家的地方精英群，他们逐渐发展为地方大族。“中国”共同体以农村为基础的特性，遂与西方社会发展过程中城市逐渐居于主宰地位的现象，非常不同。秦汉的一切发展定下了后世中国发展的基本条件。无论内部的充实，还是外向的扩张，秦汉的模式都具有长期的延续性。

秦汉共同体确认了以儒家为主流的中国文化。这一个以“人”为本体的文化系统，迥异于西方以“神”为本体的文化。于是，中国文化对其他文化有极大的包容性，时时吸纳，或发展新因素和新观念。在秦汉时期，以儒家的知识分子为主体的文化精英，以及地方上以血缘和地缘关系作为基础的基层社会，彼此相合相济。这一社会结构有助于政治、经济的整合，从上层到民间基层之间有相当密切的连续性。不过，任何复杂系统中的一些成分，彼此之间的关系常常有所变化。秦汉的地方精英，虽然有助于政治力量贯彻于基层，但也逐渐形成强大的力量，以大族的形式在各地发展为实质上主宰地方的势力。他们垄断了政治资源，也因此在经济资源方面取得优势。再则，这一阶层是以儒家知识分子为主体，他们对地方的舆论和意识形态当然更有强大的影响力。秦汉精英在郡县层次具有如此巨大的力量，各个郡县之间的大族，又因为师生和故主僚属等关系，彼此互为奥援。对中央而言，这些地方大族未必能帮助把中央权力贯彻于地方，反而在纵向方面把持了权柄；而在横向方面，郡县大族之间互相支持，足以抵制中央的力量。中国在三国以后时时分裂，政治部分的力量常常不足以管理这一复杂系统。而当时之所以能够使北方稳定、在南方开拓，是因为文化精英结合为大族，一枝独秀，发挥了维护复杂系统的作用。

同时，社会力量和文化力量密切结合，又具有经济的优势，文化的精英成为实质的“贵族”。既得利益者的保守性，往往强于适应和发展的能力。这一趋向，对儒家本身其实是不利的：在这种形势之下，文化的精英不免有排他的趋向，反而造成了原有思想和外来思想之间的对立。此处所谓外来思想，乃是进入中国的佛教；佛教思想引发的本土响应，则是假借道家名义发展的道教。佛、道两家与儒家的对抗，在延续相当长久的时间后，彼此才逐渐走向融合。

魏晋南北朝的时代，北方游牧民族大批侵入中原。这个时期，草原上的民族和文化逐渐为中国核心文化所吸收，也融入“中国”共同体之内；同时，“中国”的范围也扩大到北方、西方和东北方的草原上。于是，那些过去的边陲不再能自外于核心。因为中国的经济资源增加了草原上的游牧经济，各地区的交换模式也发生改变。同时，本来在北方的核心政权迁移南方。原本居住在北方的人口大批南移，与南方本地的族群经过磨合，也终于融合为一。南方的山地，因为北方南下的人口也逐渐得到开发。以共同体内在的充实而论，南方新开拓的农地和城镇，毋宁增加了共同体本身的涵盖面积。世家大族以其文化 / 经济的双重能量，在北方与马上挟武力入侵的外族周旋，在南方则成为汉族的避难所，并由此逐步整合南方。这一时代缺少强有力的中央政权，秦汉以来相当稳定的货币经济难以继续，出现了以实物商品作为交换媒介的自然经济。要经过隋唐时代的安定和繁荣，货币经济才逐渐复苏。

隋唐既是南北朝的延续，也是核心地区进一步发展的时代。隋唐时期，中国人口已经吸纳了大量草原上的族群，也融合了南方各地散居的族群，这已经实质性地改变了中国总人口的成分。草原上和南方温热地带的不同特产，都融入“中国”内部的经济交换圈，使中国的经济资源更为丰富。中国与中亚地区不断地交往，不仅在经济上有蓬勃的东西贸易，而且，佛教与中亚起源的启示性信仰和救赎性宗教，都进入了中国。隋唐时期，中国的文化接受了这些外来的影响，将之融入自己的意识形态和信仰之中。这个时代确实是一个对外非常开放的时期，也是伊斯兰信仰在中亚崛起的时候。隋唐与伊斯兰集团的接触，改变了中东地带的民族分布与国家结构的性质；在世界史上，亚洲中部、东部之间的碰撞，其意义不亚于伊斯兰与西方基督教文化之间的交往和冲突。以中国历史而言，秦汉是充实内部的时期，我曾经称其特色为“厚”，隋唐却是开放扩张的时期，其特色则是“大”。在整个中国历史上，只有秦汉与隋唐当得起“天下帝国”的地位，因为在这两个重要的时期里，中国是开放的，而且是发展的。

隋唐时代承前启后，前面接续了南北朝时期族群的大移动，使中国的人口增加了许多成分，许多不同族群的基因，经过混合，熔铸为中华民族的更新基础。更重要的则是文化方面的变化：秦汉时代儒家大起大落，从汉武帝独尊儒术，至三国魏晋时代，儒家思想失去活力，可是地方大族还是凭借着儒家的文化观念，能够在外族统治的地区里，保持中国文化的传统于“坞堡”之内；外来的佛教和本土呼应产生的道教，逐渐发展民间的势力，遂与儒家思想鼎足而应，逐渐交叉叠合，抟铸为中古以后中国文化的基本形态；在隋唐时期，中国又接受了中亚传来的救赎信仰。这几个不同思想传统的混合，建构了从隋唐以降直到今天中国民间思想的主轴。儒家可以用“天命观念”约束君主，而民间则盼望等同于“救世主”的真命天子将百姓从苦难中救赎。观音、弥勒这一类的救赎者，则更是大慈大悲，为一般人的苦难保留庇荫之所，甚至于为那些自己觉得有罪者提供了“放下屠刀，立地成佛”的机会。隋唐以来形成的中国官、民两种意识形态，既是对抗的，也是互补的。在将近一千年之久的时间里，中国的老百姓不是只活在儒家影响之下的，他们更是借由这一综合的意识形态系统，度过困苦，盼望未来。因此，隋唐时代形成的“天下中国”并不是秦汉的复活，而是在辩证发展的过程中另一个阶段的综合。

关于中古的转变，所谓“唐宋变革论”的理论解释是经常讨论的课题。除了上述文化与观念的综合，唐宋转变时期，中亚地区伊斯兰的兴起，引发了一连串民族移动。这一个现象，对中国内部核心与边陲的关系也有重大的影响。盛唐时期，中国的势力远达今天的阿富汗和里海地区。那些居住在中亚地区的各种族群，在大唐秩序下有过一个彼此相安无事的时期。伊斯兰力量崛起于阿拉伯沙漠，迅速地扩张到中亚。阿拔斯伊斯兰教王朝的哈里发（先知继承者），都立志要攻入“呼罗珊”——也就是盛唐势力所及的中亚。751 年高仙芝兵败怛罗斯河，中国的安西都护府再也不能够保护中亚各族群。在伊斯兰势力挤压下，中亚许多族群，包括波斯帝国的统治者，纷纷逃亡中国。二三百年内，中国接纳了不下三四百万的中亚人众。他们分布的地区，从今天的宁夏、陕西，直达山西、山东和河北。这些中亚族群——例如沙陀——与从东北方进入中原的北方胡人，在中国地区不断发生冲突。在超过一百年之久的时间里，黄河流域成为东、西胡人的战场。这一现象又和当时全球性的气候寒冷有关：假如中国北方草原上不是如此寒冷，那些东北和北方的胡人也不会大批地进入中原。安史之乱本身维持的时间不长，可是安史之乱引发胡人迁移入中原，不论是成群地进入，或是个别地渗透，从移入中原的人数和规模而言，和南北朝初期相比，其性质同样严重。这一大变化，对中国本来原有核心地区造成大破坏；汉人往南移动，南方土地被开发，经济中心也向南移动。于是，和经济发展相配合的文化活动，随着两宋逐步向南发展，也移向南方。最后的结果是，东南地区逐渐发展，终于成为中国的第二核心。凡此客观环境，也促使中国前期的社会结构发生改变。外族搅乱了原有的社会秩序，大族逐渐解体，转变为地方性的大家族。他们只能盘踞于州郡以下，以农村为基盘，不再具有与政权直接抗衡的力量。

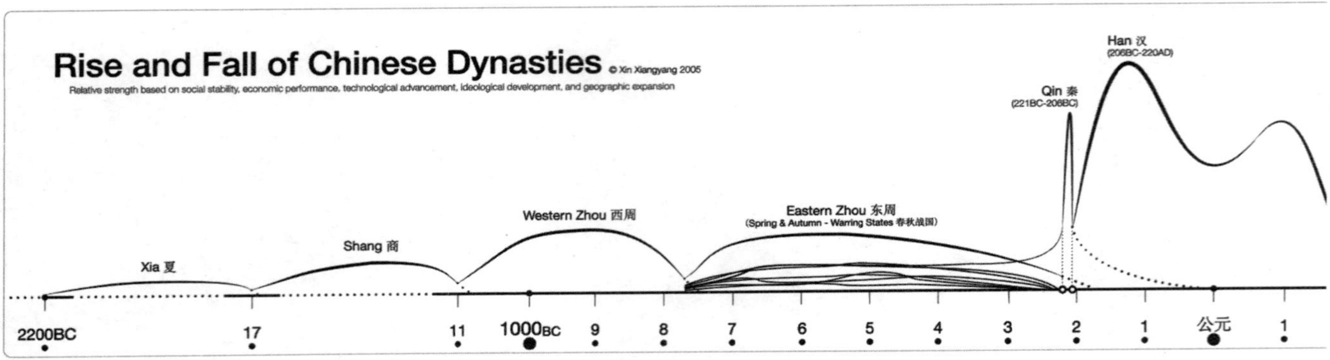
Rise and Fall of Chinese Dynasties
© Xin Xiangyang 2005
Relative strength based on social stability, economic performance, technological advancement, ideological development, and geographic expansion
Xia 夏
Shang 商
Western Zhou 西周
Eastern Zhou 东周
(Spring & Autumn - Warring States 春秋战国)
Qin 秦
(221BC-206BC)
Han 汉
(206BC-220AD)
2200BC
17
11
1000BC
9
8
7
6
5
4
3
2
1
公元
1

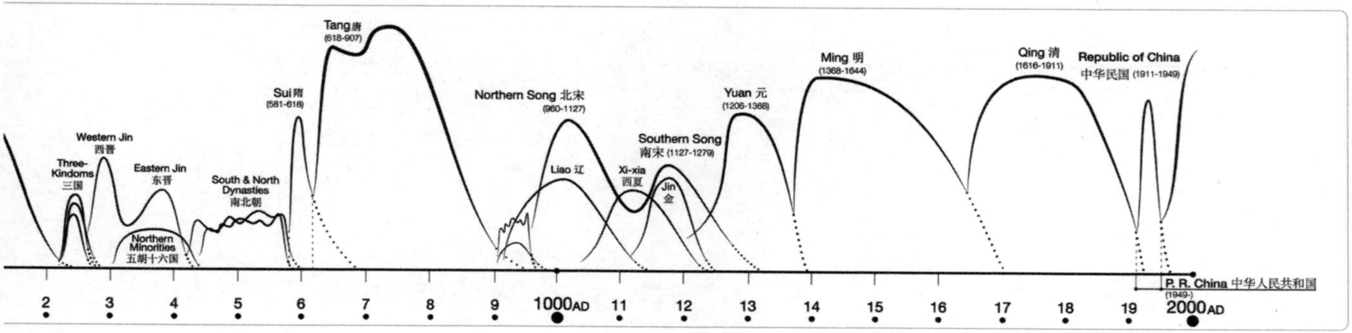

江南大学教授辛向阳综合考虑“社会稳定”“经济业绩”“科技进步”“思想发展”和“疆域变化”等因素，绘制成“中国历代兴衰图”

第十五章

后论：复杂共同体的形成（下）

承接隋唐的，是五代、辽和宋、金时代。在上一章已经指出，因为北方长期的战乱，中国的核心转移到南方。这是中世纪中国的一个大转变期：在内部，自从安史之乱以后，黄河以北数百年来都是战场，五代十国也不过是战乱之下的分崩离析所呈现的结果而已；在外面，北方草原上长期有游牧民族建立的帝国，他们占领的中国地区，只是大帝国中的一小部分。在中亚地区，伊斯兰文化挟其武力，将当地的文化传承完全改变。这一股力量，占有了亚洲中部、两河以至印度和非洲的广大地区，割据了欧洲和东亚之间所有土地。他们的文化传承，在波斯传统上接受了东、西、南各方面的影响，独树一帜；中国文化的许多成分也被他们吸收，例如造纸、烧瓷，以至后来使用火药；欧洲给他们的影响也很大——包括希腊罗马的古代文明，它们被排斥于基督教独占之下欧洲的记忆之外，却保留在伊斯兰文化圈内，直到文艺复兴，欧洲才重新取回这些留在中东的文化遗产。这个庞大的伊斯兰圈子，不仅挡住了中国与西方之间的交通，也在中国的西面构成了一个无法穿透的另一文化圈。

中国核心地区南移，丧失了所有产马之地。在古代冷兵器主导的战争中，马匹是非常重要的力量，没有马，就不能与以骑兵为主的外族对抗。于是，宋代中国成为列国之一，再也不能统治原来中国的全部疆域。宋的四周，北有辽（契丹）、金（女真）和元（蒙古），西有西夏（唐古特）、吐蕃（今天藏区），西南则有大理，东北方有高丽和日本。宋代中国被这些四邻包围，掌握的资源有限，宋人如果不在中国西南和南方山地的开拓，几乎无法自存。这一个特殊情况乃是讨论“唐宋转换”时必须要考虑的因素。

辽、西夏、金，乃是另外一番局面。契丹力量据有草原和邻近草原的高地，直逼今日的渤海冲积平原。其疆域比宋还要广大，而且契丹向西的开拓，直达今天俄国的边境——在西方人的记忆之中，契丹的英文名字为“Cathay”（Khitan），代表中国，而宋反而不算中国的正宗。继承辽国的金国，也被西方认为只是“Cathay”的另一时期。成吉思汗的蒙古大帝国，其中国部分只是五六个汗国之一，中国不再是东亚的核心。西夏国家不大，可是与中亚一带有密切的接触，西方也认为，西夏乃是过去中国“桃花石”的一部分。吐蕃在中唐以后国力强大，伊斯兰兴起，夺取了吐蕃西方的疆域，然而吐蕃仍旧是宋代中国西边强大的力量。而藏传佛教与中国文化混合的大理，是宋代中国西南部分的大政权。倒是东边的高丽和日本，在唐代就已大量接受唐文化，在这个空当期间，又各自发展了自己的特色。内地的中国人，固然认为宋廷是中国的政权，但是宋从来没有获得隋唐中国那样的领导地位。

倒是在向南的海上交通方面，东南亚的海上活动连接上伊斯兰文化在印度洋的发展，很顺畅地接通了东亚与中东和欧洲之间的交往路线。尤其在商业方面，这一条海道的商品交换支撑了东南亚沿边地区一些新兴国家的经济发展，从今天的中南半岛到马来西亚沿岸，以及南太平洋的一些岛屿群，因为获得转运贸易的利益，经济都相当繁荣。中国与欧洲之间的陆路交通，由于伊斯兰力量的拦阻，竟不如海路交通顺畅。有些商货，例如南方海上的香药，居然有相当部分要经过中国的转运，再输入北亚和中亚。因此，无论是国家单位或者是经济交往，辽、宋、金、元的时代，东亚的地位和内部结构与过去完全不同。这也是在讨论到唐宋转换时很多从中国本体讨论的史学课题往往忽视之处。

辽、金、元都是征服王朝，他们统治中国的政权建立在暴力的基础上，虽然采用了一些中国的传统制度，可是并没有将中国复杂共同体内政治以外的其他因素与政权本身合法性挂钩。而且，他们各自作为复杂的共同体，其中有相当大的部分是在中国共同体以外。这两个中外不同的共同体系统有叠合部分，却并没有整合。于是，在讨论这一段唐以后的中国共同体系统时，我们只有拿宋作为陈述的主要对象。

宋代立国的时候就重文轻武，而且因为缺乏马匹，根本无法与北方政权对抗，因此，宋代政权并不是建立在以武力为基础的统治上。宋代本身的统治体制，在中国列朝之内缺乏前例，乃是“叠床架屋”、缺乏有机结构的官僚系统。宋代的文官，凭着“差遣”[1]担任指定的工作，大多数官职都是由担任其他官职的人员出任，而那些官员的本来职务，却是由另外一些被“差遣”的官员处理。此外，大多数职位不仅只有一位官员担任职务，同时会有别的官员以“同知”“通判”这一类的名称，与本来奉“差遣”的官员一起工作。在各路以及路下的州县，都有直接由中央管辖的单位派驻的官员，还有分别管理财政、司法、教育、军事的各种官员。但是，这几个单位之间，并没有一些协调的地方主管。如以官僚系统的效率论，宋代的制度非常缺乏效率。于是，在这复杂系统中，“政治”这一变量，可说是最缺乏与其他变量平衡的一环。

宋代的复杂系统中，社会、文化两项变量套叠非常紧密。中唐以前，社会力量最强大的全国性世家大族已经被地方性

1 宋代任官主要有寄禄官和差遣两种，前者虽有官名而不任其职，用于表示官位、俸禄高低，后者则是担任的实际职务。

宗族代替了。宋代科举选拔的士大夫，就是这些地方宗族的综合体，而宋代发展的道学、理学，为儒家文化体系建立了无上的权威，这些士大夫也正是儒家理念的代言人。于是，在宋代复杂体系之中，社会精英与文化精英是合一的，在士大夫以下的基层百姓，却有相当部分接受了佛教和道教的影响，并不完全在儒家圈子内，社会一环里，于是就有了精英和基层之间的疏离。所幸教育是开放的，科举也是公开竞争的，社会力量上下还有流动的余地。士大夫本身，却因为政治意见和学术意见的差异，往往分成党派，互相抵消力量。

宋代经济与前代相比，有长足的进步。工商产业的比重虽然仍小于农业生产，却也占了相当不小的分量。尤其因为北方残破、产业南移，南方的地理条件对生产丝帛、瓷器、铁器和制茶、采盐等产业，都相当有利。宋代的皇室通过直接管理榷场[1]的方式，从这些专业生产中获取相当大的利益。中央政府掌握的财富有相当部分用于对外，一部分是以岁币的方式换取和平，另一部分则是经过商舶外销获取盈利。中央政府掌握了经济权，因而足以平衡士大夫掌握的社会/文化的综合力量。这种平衡的形态，依仗政府能直接掌握生产的产业和市场交换来维持。汉代以后，中唐以前，中国的经济制度长期建立在自然经济上，以商品作为交易的媒介，中

1　榷场，指辽、宋、西夏、金政权各在接界地点设置的互市市场。官方严格控制榷场，并享有贸易的优先权。

唐以后，逐渐趋向于货币经济，至宋代，以货币经济为主体。这一重大转变，竟与宋代政治体系的扭曲有相当的关联性。

宋代和明代之间有一段时期，整个中国都在蒙古统治之下，那就是忽必烈建立的汗国，在中国称为“元”。这一段时期，因为忽必烈，元朝与蒙古大帝国的其他部分实质上已是分离的单位。元代的统治方式还是依靠外族的武力，包括各处调进来的签军和在中国的蒙古万户。这种建立在暴力基础上的政权，并不依赖传统中国皇权的“合法性”，统治者并不在乎中国传统对“天命”的解释。元代建立有限度的统治机制，中央体制与汉唐以降中国的传统方式，其实最多只是形式上类似。实质而言，汉人参加中央政权的人数及其影响力都非常有限。元代的科举次数不多，录取人数也少，谈不上建立政治与社会力量的平衡。元代的制度中，以政治一环而言，行省制却留下了五六百年的影响。“行省”的全称是“行中书省”，乃是中央执政单位分设在各处的办事处。在这种制度下，中央的权力直接下放到地方层次，授予地方长官相当于“总督”的权力。行省管辖区域的划分，也不像汉代的州郡、唐宋的道和路；为了让一个行省之内有足够支配的资源，同一个行省往往跨越不同的自然地理区。元朝的行省制度为明清所继承，也为后来的现代中国所继承。这种人为划分形成的区隔，长期和自然区划并不完全契合，对地方的自主性造成相当大的障碍。

元朝时期，中国传统的文化力量已经不能寄托在儒家士大夫身上，于是佛道以及其他启示性宗教纷纷崛起，社会基层竟然被这些宗教的宗派掌握。儒家文化主要的领域是人际关系，即所谓“伦理”，其他的实用部分一向不在士大夫的教育之内。元朝时，儒家式微，有才能的人投入到一些实用的科目中，在医学、数学、农学、工艺之学各方面颇有成就。这些细节，在前面专章已有所论列，此处不赘。

元朝除了通过正常的税收和专利权来收夺资源，出于其暴力统治的性格，其中央与地方的统治单位还可以任意夺取地方资源和财富，不受文化和伦理的约束。在经济没有规划的情况下，工、商、农业各种产业因为没有合理的管理，反而在混乱之中有些自由发展的空间。元朝货币除了金属货币，还有大量的债券、信用状一类的“纸钞”在市场流动。于是，意外地，元朝中国的经济却出现了过去少见的信用货币流通。这是一个吊诡的现象：混乱之中获得的自由交换，可能反而促使亚当·斯密所说的“看不见的手”即市场本身的调节机制发挥作用。

明代取回了大部分的中国，元朝退回蒙古，号称“后元”。后元的地区不大，而且除了不时骚扰边疆，在中国历史上并没有重要的位置，因此此处不论。明代本身的皇权继承了元朝的暴力性格，其专制程度为中国历史上前所未有。这一个性格的皇权并不信任士大夫代表的社会力量，于是，皇权废除宰相，直接执政，同时又孕育了特务组织和宦官作为爪牙。政治与社会力量之间，数百年来都呈现相当紧张的关系。科举出身的士大夫，一方面，由于考试项目是根据朱子学的经义发挥，科举制度等于是洗脑教育的工具，其忠君观念为前代所未见；另一方面，士大夫成为“缙绅”，既是文化精英和社会精英，有其独立的力量，再加上缙绅免除赋役的特权，士大夫往往又成为地主，掌握了农业生产这一部分的经济力量。这些文化 / 社会精英，还可以与政权之间保持一定的平衡。尤其明末，阳明学盛行带来了人的自觉；东林党、复社等文人团体的活动，其声势与影响，只有东汉太学生的抗议活动可以相比。

经济方面，在 15 世纪以前，中国延续宋代以来的南海贸易，东南和华南地区凭借其传统的外销商品，已有相当的利润。15 世纪以后，欧洲寻找大洋航道，发现新大陆，在经济全球化第一阶段，中国成为西方商品的主要市场。因此，欧洲人从新大陆取得巨量白银，其中至少有三分之一甚至一半流入中国。可是，明代的海禁政策——开国、闭关——常常改变。明代对海外移民并不鼓励，尤其在“倭寇”之乱以后，特别禁止一般民众参加海上活动。中国在这一经济全球化的阶段，虽然获得了大量的白银，却没有积极地参加海外贸易活动，坐失成为海权一分子的机会。我们已在前面专章说过，东南和华南的发展使中国的南北差异加大，经济重心完全移向南方，北方竟成了长期贫穷的地区。

市场经济扩大，但是一般平民老百姓并不直接获利。由于皇亲国戚和宦官拥有大量土地，而且缙绅士大夫也是地主阶层，佃农与小自耕农虽然可以在农业、农产品的市场活动中分得微利，但土地的集中与商品贸易的地区性分配，造成贫富之间既有地区性差异，也有上下阶级的严重差距。整体的经济体发达，穷而无告的平民却是为数日多，导致社会不安，最后演变为明末大规模的“流寇”活动，终于颠覆了明代的皇权。

满族在东北关外崛起，趁明代中国混乱之际取得政权。清代的政治力量延续元、明两代的专制性格，再加上八旗制度，使征服者的族众数百年来高踞社会上层，其延续之久，不是元朝签军与万户可以相比。在前面专章已经说过，清朝的中央政权牢牢地掌握在满人手上，而且皇室作为一个整体参与了实际的统治。这些特色，使清朝中国复杂共同体的政治一环完全封闭。通过科举制度，清朝也吸收了中国传统的缙绅士大夫来参与官僚体系的运作。然而，政权核心掌握的力量如此强大，一般官僚系统并没有足够的力量来发挥正面的影响。元朝和清朝两代征服皇朝的种族不平等及其皇权的暴力专制，加上明代继承元朝的绝对专制与斫伤人权的宦官厂卫特务，留下的后遗症则是中国人习惯于屈从专制集权，不再敢于反抗暴政。经过三个朝代七百多年的压制后，近代中国又蒙受一个世纪的内忧外患，中国文化似乎已经丧失了与暴政抗争的意志！

已如前面专章所说，清代人口和土地耕种面积都有增加，一时国力相当强盛。从清初到嘉庆、道光，中国也一直有大量的外贸顺差。康熙皇帝自己觉得国家富足，废除了正常的地租和人赋。这一政策逐渐造成了严重的问题——既然政府正常的地租和人赋已经固定于“永不加赋”的状态，国家的支出必须另找来源。从乾隆以后，政府岁入之中，捐纳和摊派的比例逐步增加。在交通线拦路收捐，号为关税或者厘金，也因为缺少明确制度，收捐的站口随意增减，给商品运输和市场贸易造成极大的困扰。中国历来的皇朝都有皇室和政府财库分开的习惯，只有在清朝，皇室可以任意支用政府的库存。黄仁宇先生曾经说过“中国没有以数目字管理的观念”，这句话完全适用于清朝的财政制度。

缙绅士大夫代表的社会力量，以其特殊地位，垄断地方的财富，制衡地方政府。在全国局面上，由于清朝种族地位不平等，加上捐纳制度，官僚系统不复全是儒生背景。清代士大夫的文化发言权因此并不强大，不足以制衡极端专制的皇权。颇足以反映这一现象者，是太平天国运动。完全由湖南士绅组织的湘军，克服了这场起于华南的民间武装起义。但是，太平天国运动以后，湘军、淮军的领袖虽然占有东南半壁的督抚地位，却不敢干预朝政，纠正慈禧专政造成的危机。

清朝时，这一复杂共同体中的四项变量之间，没有建立一个互相制衡或者互相支持的平衡关系。这个共同体本身，除了走向衰败，其间也没有自我调节的修补功能。此时，也正是西方文明崛起、西方资本主义经济和扩张政策席卷全球之时。清朝面临两千年未有之大变局，完全没有足以应付的力量。鸦片战争，乃至甲午兵败黄海，都不是一时的事故，乃是元、明、清以来七百多年的衰败，使得发展了一万多年的复杂共同体一旦崩解，几乎不能再收拾起来。

1911 年以后，中国面临西方和东方帝国主义的侵略和剥削，能够维持国家不亡已是奇迹。这最后一百多年来，中国复杂共同体中原来的四项变量都已经有实质性改变。以精耕农业为基础的市场经济，必须被现代工业生产的市场经济代替；迅速发展的都市化，尤其面向西方的都市化，将建立在农村上的社会力量基础完全摧毁。现代文明带来的文化，使得本来的文化精英放弃了以儒家为基础的文化，改宗科技与城市文化。至于代表国家的政治体制，这一百年来，中国蹒跚其行，一路寻找方向，希望改造自己的复杂共同体系统。这一百年来的艰苦历程还没走完，前途还有许多必须要修正和适应之处。尤其在今天，西方的现代文明本身也已经趋于老化，如何在双重迷失的情况下，致力重整原来的共同体，建构一个动态平衡的新系统，将是各地中国人都必须面对的难题。

经历万年的存在（Being）与变化（Becoming），这一不断更新、不断扩大的复杂系统，长久以来都是其成员认同和归属的共同体（common-wealth）。今后，这一共同体还能够吸引原来成员的后代，继续被认同为其身心之归属吗？这一问号的答案如果是正面的，那么中国这一系统的若干理念，将可提供改造现代文明的参考因素；答案如果是负面的，目前正在衰老的现代文明，岂非再难有更新的机会了?!

所幸，西方有识之士，一方面警觉到现代文明已经面临衰败，另一方面也谛视中国文化传统，寻找可以与现代文明互补的因素。目前，很多西方人士已经发现，至少在养生方面，中国传统中的生活态度颇足以救西方往往走极端的偏差。由此起步，可能在人生意义、生命价值、利用厚生等种种方面，都会有人发觉，融合中国与西方文化，或建构新的文明体系，是全球人类共有与协作的根本。

附 录

《说中国》· 解说 *

葛兆光

什么是“华夏”？或者，什么是“中国”？

讨论这一问题，既可以从今溯古，来论证国家合法性，也可以从古到今，以理解历史合理性；它可以是一个政治话题，也可以是一个历史话题；它可能惹出民族（国家）主义情感，也可能培养世界（普遍）主义理性。在涉及“国家”“民族”和“认同”的时候，“历史”就开始像双刃剑，“论述”的分寸显得相当微妙，关键在于史家以什么立场、取什么角度、用什么方法。

---

* 本文曾以《许倬云新著〈华夏论述〉· 解说》为题，发表于《东方早报 · 上海书评》第 310 期（2014 年 12 月 14 日），文中相关表述，不做更动。《说中国——一个不断变化的复杂共同体》繁体版为《华夏论述——一个复杂共同体的变化》，远见天下文化，2015 年。

近代以来,“中国”已经成为“变化的复杂共同体”(自序,4 页)。“中国”是一个传统帝国,还是一个现代国家?它的认同基础是血缘,还是文化?它的历史是同一共同体的连续,还是各种不同族群的融汇?为了解答“华夏 / 中国”给历史学家出的这个难题,为了梳理这个“变化的复杂共同体”以及背后错综的历史,许倬云先生的《华夏论述》一书重新追溯上下几千年,取不同维度对“中国”的历史形成过程进行论证。仍就一开头的三个疑问而言:首先,许先生强调“华夏 / 中国”是一个复杂共同体,这个共同体犹如“飞鸟无影”“轮不辗地”,不可能是定格的(绪论,6 页)。这就说明,他并不从现存中国来逆向追溯“中国”的合法性,而是从曲折变迁中回顾“中国”的形成过程,来理解其历史合理性的;其次,在“中国”的历史形成过程中,许先生指出,数千年血脉杂糅、族群相融、文化交错而形成的共同体,其认同基础不一定是国界(国界会变动),不一定是族群(族群是生物学判断)[1],甚至也不一定是语言或文化(语言文化也在变)[2],这说明本书不是从政治角度证成“中国”,而是从历史角度理解“华夏”的;最后,有关这一著作的意图,

1 “我不拿族群作为‘唯一变数’来考量,因为族群本身是个人的综合体。由于新陈代谢、个别成员的生死,群体内容不断变化……讨论认同与归属,不能仅从族群下手。”(绪论,8—9 页)

2 按照许先生的说法,“从语言到价值观念各项,也经常在变动……两代人之间都未必一样,何况长期的演变更极有可能使得这些因素累积、转变,最终发展出完全不同的一套文化体系。”(绪论,5—6 页)。

许先生自己说，这部书是对“华夏 / 中国”历史形成的“自我审察”，他还说，“中国人能如此自我审察，对世界是有益处的”。为什么？因为“中国也因为对自己有所了解，不至于产生大国沙文主义，也会因此消减四周邻居的敌意”（绪论，16 页）。因此可以看出，这部著作也不是为了借助历史引出民族主义的盲目情感，而是通过历史认识达成世界主义的理性观念。

可是，要在篇幅不长的书中，清晰地叙述“中国 / 华夏”的形成过程，表达对“中国 / 华夏”认识的明确立场，并不是一件易事。“中国 / 华夏”的历史太长，线头太多，国家形成过程曲折迂回，族群地域的分合又重叠复沓。所以，一方面要把中国复杂的体系，如许先生所说，在政权、经济、社会与文化四个变量中考察（自序，4 页）[1]，另一方面还要快刀斩乱麻，在治丝益棼的麻线团中，穿透历史，下大判断。

《华夏论述》就是许倬云先生所写的，一部举重若轻、以简驭繁的大历史著作。

1 正如他自己说的，“所谓‘大历史’的研究方法，不能从单独的事件着眼，必须从各种现象的交互作用来观察整体的变化”，“‘中国’这个共同体之内，最主要的互应变量，至少包括政治、经济、文化和社会四个方向”（第十四章，203、204 页）。

一 融汇与杂糅：从核心文化到天下帝国

许先生的大历史著作，我一向喜欢看，比起繁富细密的学院论著来，撰写这种大历史著作需要更多的知识背景、更大的论述视野和更强的领悟能力。从《万古江河——中国历史文化的转折与开展》《我者与他者——中国历史上的内外分际》到这本《华夏论述》，我所寓目的许先生纵论中国大历史著作已是第三本。不过三本著作的重心似乎各有区别，如果说《万古江河》重点在讨论中国的“历史”和“文化”,《我者与他者》重点在讨论历史与文化中的中外关系，那么这本《华夏论述》重点就是在讨论历史与文化中“中国”之变动。

讨论历史与文化中“中国”之变动，本是中国文化史应当承担的责任。在我看来，一部中国文化史固然是在叙述中国的文化（包括族群、宗教、语言、习俗、地域）如何在历史中形成与流变（Being and Becoming），但也需要叙述这些原本散漫复杂的文化，究竟是如何逐渐汇流并形塑出一个叫做“中国”或者“华夏”的国家来的。前几年，我曾经阅读法国学者让–皮埃尔·里乌（Jean-Pierre Rioux）和让–弗朗索瓦·西里内利（Jean-François Sirinelli）主编的《法国文化史》，深感此书对“法国如何成为法国”这一问题，有着清晰的解析，“一个群体居住的领土，一份共同回忆的遗产，一座可供共同分享的象征和形象的宝库，一些相似的风俗，是怎样经由共同的教育，逐渐形成的一个国家的文化”，这对于认识一个国家的历史和文化是相当重要的前提[1]。可是，过去很多中国文化史著作却并不太重视这一点，在人们心目中，似乎“华夏”自古如此，“中国”天经地义。幸好，近年来学术界逐渐开始意识到这一问题的重要性，所以，“华夏 / 中国”本身便从“不是问题”逐渐“成为问题”。许先生这本书中处理的，就是这个作为历史与文化问题的“华夏 / 中国”。

毫无疑问，一个由不断分合又绵延连续的王朝构成的亚洲传统帝国中国的文化史，与一个经由语言、风俗、宗教、民族逐渐形塑起来的欧洲近代民族国家法国的文化史，显然大不一样。“华夏 / 中国”源远流长，在《宅兹中国》一书中我曾说过，我不太赞成把“中国”看成一个后世建构的（或“想象的”）文明，更愿意把它看成一个由中心向四周扩散，经过不断叠加与凝固而形成的共同体。正如许先生所说，作为一个共同体，中国与欧洲、伊斯兰、印度等不同，“其延续之长久，而且一直有一个相当坚实的核心”，但这绝不等于说，“中国”自古以来就是如此，而是“在同一个地区继长增高，其内容却不断地改变，不断地调适”（自序，1 页）。我觉得这是一个重要的说法，许先生不同于用现代领土来反向追溯并书写“中国历史”的学者，他不很强调共同的历史渊源，也不强调同一的种族与血缘，而是特别强调不同的生

1 参见葛兆光《寻找主轴与路标的文化史——读〈法国文化史〉笔记》，载《读书》2012 年第 5 期，74—85 页。

产方式和生活方式，如何使不同的族群与文化逐渐杂糅、融合与交错。所以在《华夏论述》一书的开头，他就试图说明，“中国”从上古时代起，就是由水稻、小米、牛羊多种生产与生活方式，由东北辽河红山文化、南方良渚文化、山东大汶口文化、长江中游与汉水如石家河文化等不同类型文化共同构成（第一章，17—24 页）。尽管夏商周三代，或许是一个较强的地方文化（以偃师二里头为中心的夏，从渤海地区迁徙到中原的商，原本来自陕北、晋西的周）逐渐延伸和扩展，“象征着农业文化之崛起”，但是，归根结底，它仍然是由此族与彼族、国人与野人逐渐混融才形成的共同体[1]。

二　开放与包容：“中国不是一根筋到底的历史”

承认不承认“中国 / 华夏”原先并不是一国一族，其实

1　许先生认为，“从夏代开始到商、周，这三个复杂共同体的连续发展都以这个地区作为基地。这是中国历史上第一个核心地带——从‘中原’这两个字就可以意识到，从那时以后，这一片平原就是中国的中心”。他又说，周代的封建诸侯，范围扩大，向东推进到山东半岛、向北推进到北京一带，沿太行有卫、邢诸国，黄河沿岸有北岸的晋与南岸的虢。国人与野人、姬姓与外姓并存。周人与外姓通婚，“长期共存，逐渐结合为一体”（第二章，34、42 页）。到了“春秋战国时代，列国体制逐渐形成。表面上看来，中国在分裂，实际上，这些分裂的列国却各自从核心的一部分向外扩张。列国扩张的综合成果，则是将核心的范围扩大了，收纳了许多本来处于边陲的人口和资源”（第十四章，206 页）。此后，“经过春秋战国的蜕变，华夏的中国收纳了许多边缘的他者”（第三章，56 页）。“秦汉中国能够熔铸为坚实的整体，乃是基于文化、政治、经济各项的‘软实力’”（第五章，87 页），包括匈奴、氐、羌、羯等各个族群，在中古时代实现了“人种大融合”（第六章，101 页）。

关系甚大。始终强调“民族出于一元”“地域向来一统”，正如沈松侨《我以我血荐轩辕》一文所说[1]，或许只是近代以来建立现代国家认同之需要，却并不一定是过去的历史事实。东邻韩国常说，自己民族出自与尧舜禹同时的檀君，但现代历史学家却指出，这些古老的始祖不过是很晚才建构的传说，目的只是为了强调朝鲜民族“认祖归宗”的归属感[2]；日本向来自诩单一民族，夸耀大和文化“万世一系”，即使近代从“和魂汉才”转向“和魂洋才”，也始终捍卫大日本精神的“纯粹性”，所以，加藤周一等人对日本文化“杂种性”的论述才好像渔阳鼙鼓，“惊破霓裳羽衣曲”，令日本学界不得不正视自己民族、宗教与文化的复杂来源、历史变动及现实状况[3]。

把皇帝的新衣说破，要有一些胆量。20 世纪 20 年代顾颉刚推动“古史辨”运动，标榜“打破民族出于一元的

1 沈松侨《我以我血荐轩辕——黄帝神话与晚清的国族建构》，载《台湾社会研究季刊》第 28 期，1997 年 12 月，1—77 页。

2 朝鲜有两个有关历史起源的神话系统，一个神话系统是来自中国殷商的箕子是朝鲜先祖，另一个是檀君（甚至包括更早的桓因、桓雄）为朝鲜始祖。日本白鸟库吉《檀君考》指出，朝鲜在高句丽、百济、新罗的三国时代为统一而重塑历史，从《魏书》中找到檀君王俭的说法，说檀君时代与尧舜禹相当，因此朝鲜历史很长。但这个神话是后来建造的，与中国的尧舜禹传说一样；另一个日本学者今西龙也撰有《檀君考》，指出檀君并不是朝鲜民族全体的始祖神话，只是平壤一带有关当地仙人的传说和祭祀的萨满仪式，要到元朝入侵的危机时候，为了鼓舞、动员、认同，才变成全民族的始祖神的。白鸟库吉《檀君考》，载《白鸟库吉全集》第三卷，岩波书店，1970 年，1—14 页；今西龙《檀君考》，载氏著《朝鲜古史の研究》，国书刊行会，1970 年。

3 加藤周一《日本文化の杂种性》《杂种の日本文化の希望》，均收入加藤周一《杂种文化》，讲谈社文库，讲谈社，1974 年。

观念”“打破地域向来一统的观念”“打破古史人化的观念”和“打破古代为黄金世界的观念”[1]，可是，却被丛涟珠、戴季陶等一批人认为“惑世诬民”，惊呼这会“动摇国本”，必欲禁其所编历史教科书才心安[2]。为什么这会动摇“国本”？因为历史总是与现实相关，“民族出于一元”意味着中华民族有共同祖先，“地域向来一统”象征华夏疆域自古庞大，古史神话传说人物象征着中国一脉相承的伟大系谱，而古代是黄金时代则暗示了中国文化应当回向传统之根。象征虽只是象征，却有一种凝聚力量，对这些象征的任何质疑，都在瓦解“华夏／中国”认同之根基。所以，到了20世纪30年代之后，面对日本侵略和国家危机，“中华民族到了最危急的时候”，傅斯年、顾颉刚等不能不转向捍卫“中华民族是一个”的立场，甚至主张重写历史教材，“作成新的历史脉络……批判清末以来由于帝国主义污染而导致的学界支离灭裂”。抗战中的顾颉刚，不得不暂时放弃“古史辨”时期对古代中国“黄金时代”传说的强烈质疑和对“自古以来一统帝国”想象的尖锐批判，对于“中国大一统”和“中华民族是一个”，变得似乎比谁都重视。1940年6月，顾颉刚为新组建的边疆服务团作团歌，就写道，“莫分中原

1　顾颉刚《答刘胡两先生书》，原载《读书杂志》第11期（1923年7月1日），收入《古史辨》第一册，上海古籍出版社重印本，1982年，96—102页。

2　参看曹伯言整理《胡适日记》第五册，安徽教育出版社，2001年，380—382页。

与边疆，整个中华本一邦”[1]。

不过，傅斯年、顾颉刚等有关“中国”和“中华民族”的立场变化，只是迫于形势，值得后人同情地理解，如今重建有关“华夏 / 中国”论述，则可以严格按照历史文献与考古资料据实叙述。许先生并不赞同以单线历史叙述“中国”，他曾在一次演讲中说，在每个朝代，“中国”的内容都不一样，“中国”的历史转折，方向可以变化很大，造成的后果也可以有很大变化[2]。而在《华夏论述》一书中他更强调，经过夏商周三代长期与连续的融合，中原文化将四周的族群和文化吸纳进来。到了春秋战国，更把这一文化拓展到黄淮江汉，形成一个共同体坚实的核心。到秦汉时代，则以“天下”格局不断吸收和消化外来文化，终于奠定“中国共同体”。虽然数百年中古时期，中国共同体经历变乱，南北分裂，外族进入，但包括匈奴、鲜卑、氐、羌、羯等各个族群，仍在中古时代的中国共同体中实现了“人种大融合”。

所以，到了隋唐时代，此“中国”已非彼“中国”，但新的大一统王朝吸收了南北两方面的新成分，又一次开启了具有“天下”格局的“中国共同体”。用许先生的话说，就是唐代“这一个庞大的疆域，有本部和核心，再加上周

---

1 参看《顾颉刚日记》第四卷（1940 年 6 月 25 日），联经出版公司，2007 年，393 页。

2 许倬云《形塑中国——以汉、唐、宋为例》，载氏著《献曝集》，上海人民出版社，2013 年，409 页。

围广大的边缘地区。在这种观念下，唐代的天下其实也没有边界。整个唐代，在北方、西方都没有长城，也没有边塞，那是一个开放的领土。任何族群愿意归属，其领袖都可以取得唐朝的官称，被列入大唐天下之内。这是一个开放的天下秩序，有极大的包容性，也有极大的弹性”（第七章，108 页）。特别是，在这一时期，进入内地的胡人逐渐汉化，大唐帝国又一次如同熔炉，把不同族群与不同文化融成一个统一的“华夏 / 中国”共同体，“这就是唐代天下秩序的特色：胡人归属唐朝中国，乃是回归一个开放性的秩序”（第七章，110 页）。

三　历史的转捩点：谁是“中国”？哪里是“华夏”？

但是，历史轨迹从来诡异莫测。国家演进既无不变的“定律”，族群变迁也难有现成的“常规”。唐代虽然再度奠定“华夏 / 中国”的核心区域与文明，建立了开放性的“天下秩序”，但大唐帝国在 8 世纪中叶之后却逐渐分崩离析。从“安史之乱”到“澶渊之盟”，整整经过两百五十年，到了 11 世纪初大宋王朝终于稳定下来的时候，水落石出，在东亚浮现出来的却是一个不同于天下帝国的汉族国家。尽管许先生说“宋代统一中国本部”，但疆域却缩小了，“从西部的关陇到东部的燕云，包括河北大部，都不在汉人中国疆域之内”，而且“这一大片土地，胡化大于汉化”（第七章，109 页），“如果只以宋代表中国，那么宋所处的情况是列国制度，不是一统天下”（第八章，119 页）[1]。

那么，这时究竟谁是“中国”？哪里是“华夏”？这是一个相当棘手的问题，也是历史学家面临的第一道难题。许先生的“华夏论述”在这里稍稍有一个顿挫。一方面他指出，“回顾过去，‘汉人’的确定性，在天下国家体系内并不显著。在宋代，四周同时存在几个政权体制，虽然和典型的列国体制并不完全相同，终究还是有了尔疆我界。有了‘他者’，中国本部之内的人才肯定‘我者’自己是所谓‘汉人’。‘中国’也在列国之中，被界定为一个以汉人、儒家为主……的地区”（第八章，134 页），似乎大宋这个汉族王朝是“我者”而其他列国为“他者”；但是，另一方面他又特意说明，自己“和单纯的汉族民族主义、正统主义的传统看法，有相当的差异”（第八章，125 页），因为从更遥远的“他者”和更广阔的视野来看，辽、西夏、金与宋都是“桃花石”，中国的丝绸和瓷器经由陆路，通过辽和西夏转递到中亚，也经由海路，进入红海与波斯湾，“西方只知道这些货品是从东亚的大陆来的，他们并不在意那里是几个中国，或是几个‘桃花石’”（第八章，124 页）。

有关“谁是中国”这一叙述的两难窘境，到元朝可以得

1 许倬云先生强调，面对来自西、北的压力，宋代虽然仍旧以“天下”自居，“其实已经缩小为列国体制中的一个国家”（绪论，8 页）。

到消解。因为在疆域更广阔、族群更复杂的元朝，过去的辽、宋、西夏、金都已融汇在这个庞大的帝国之中，因此元朝时代可以把《宋史》《辽史》《金史》都算入“中国史”，不分彼此，一起修撰。不过，在宋代，这一问题却相当麻烦，中古的南北朝时期，你称我为“索虏”，我称你为“岛夷”，虽然分了彼此，倒还好说是“一国两制”，但北宋拒不接受“南朝”与“北朝”的说法，坚持把自己叫做“大宋”而把对手叫做“大契丹”，却多少有了一些“一边一国”的意思。特别是在文化上，华夷之辨与楚河汉界重叠，文化、疆域和族群似乎按照国家分出了内外你我，所以，许先生说“有宋一代，实是中国历史的转折点：两汉的坚实基础，隋唐的宏大规模，转变为中国文化的稳定结构”（第八章，134 页）。这话很有道理，因为中唐以后，汉族中国人开始重新思考自己的文化价值，“华夷之辨、内外之分”到宋代被重新确认，“唐代晚期种下的这一股本土化潮流，在宋代开花结果，引发了对儒家理论新的阐释”（第八章，131 页）[1]。

这时天下的“华夏”收缩为汉族的“中国”。无论在政治、经济和文化上，都自我设界，划定了内外。正如张广达先生

1　怎样评价它的意义？许先生说，一方面是有了这个稳定结构，中国经历两次外族的征服，还能重新站起来，但是另一方面，在面对活力充沛的西方近代文明，这一稳定的中国文化系统，就不再有接纳和消化适应能力（第八章，135 页）。还可以参考第十一章所说的西方知识传入时中国和日本的不同接受情况，许先生认为，这与宋代汉族中国文化定型有关，定型后的中国文化与日本文化“这一差异，可能相当程度地决定了后世中国和日本对现代文明的接受程度”（第十一章，173 页）。

所说，“宋朝从此主动放弃了大渡河外的云南，也告别了西域，西部边界退到秦州（甘肃东南天水），西域开始穆斯林化，由此可见……赵匡胤追求的是巩固自我划定界限的王朝”[1]。但许先生觉得，虽然可以“以今之视昔”，在历史上却不宜割开这一原属同一天下帝国的几个国家之联系，因此一反传统思路，把视角从刀剑转向衣食。刀剑划开彼此疆界，衣食却需互相流通，他说，辽（金）、西夏的关系并不都是血与火，更多的是商品往来、和平贸易。而且，更重要的是，各方都在相当程度上接受了古代中国文化，然后各有创造（如书写文字）。正因为文化上的这种联系，后来中国才能再度成为一个共同体。

所以许先生说，“中国”这个观念维系力量有三，一是经济网络，二是政治精英，三是书写文字，“以上三个因素，可能使得中国虽然广土众民，但可以确保国家内部的互相沟通，谁也不会被排斥在外，如此，‘中国人’才有一个共同的归属感”（自序，3 页）。

1 张广达《从安史之乱到澶渊之盟》，载黄宽重主编《基调与变奏：七至二十世纪的中国》，“国立”政治大学历史系，2008 年，18 页。西方八十名学者共同编辑的《泰晤士世界历史地图集》（英文本，伦敦泰晤士图书公司；中译本，生活 · 读书 · 新知三联书店）也说，“宋比唐的世界主义为少，对外部世界经常采取防范和猜疑的态度”（126 页）。

四 政治、社会、经济、文化：大历史、大判断和大问题

许先生的笔下，是一个大历史。

“所谓‘大历史’的研究方法，不能从单独的事件着眼，必须从各种现象的交互作用来观察整体的变化。”大历史要有大判断，非博览硕学之士，不能下大断语。我在这本贯穿上下的大历史著作中感受最深的，就是许倬云先生那种“截断众流”的大判断。比如，要回答究竟“华夏/中国”为什么可以形成共同体，并且这个庞大的共同体为什么不至于分裂崩坏到不可收拾？可能有些学者会甲乙丙丁、一二三四，讲个没完，但许先生的回答相当明确干脆，除了众所周知的政治原因，我们不妨在社会、经济和文化上各举一例——

（一）社会方面：许先生认为，从三代经春秋战国，共同体的演变趋向，“乃是从属人的族群转变为属地的共同体，乡党邻里成为个人主要的归属”（第四章，64页），这就是为什么到了秦汉统一时代，春秋战国的列国制度，可以成功转化为坚实的统一皇朝。秦汉帝国以文官制度和市场经济两张大网，融合广大的疆域为一体，加上有儒家意识形态成为士大夫的价值观念，这是形成一个“华夏/中国”的背景之一（第四章，73页）。在这样一个社会里，精英、大族、士绅“这一阶层是以儒家知识分子为主体，他们对地方的舆论和意识形态当然更有强大的影响力”，而“社会力量和文化力量密

切结合，又具有经济的优势，文化的精英成为实质的'贵族'"（第十四章，209 页）。这个社会阶层的巨大存在对中国的影响是，一方面，郡县大族之间互相支持，有时足以抵制中央的力量，这是造成分裂之原因，但另一方面，它们也是使得中国始终有文化认同的力量之一，在分裂时代又起到重新整合之作用[1]。

（二）经济方面：许先生指出，中国能够维持相对统一和延续，不能仅考虑文化认同的因素，也要考虑经济联系的因素。"中国'分久必合'的观念，就靠经济的交换网，呼应着全国一盘棋的构想"，因而"没有完全破裂成像欧洲一样的许多板块"（第六章，96、97 页）。他说，"中国的农业长期具有小农经营和市场经济互相依附的特性。前者造成了中国人口安土重迁的习性，后者的影响则是，区域交换发展而成的经济网络，常常在政治处于分裂的状态时，维持经济整体性的存在"，"终于呈现'分久必合'的现象"（第十四章，第 208 页）。其中，他也特别重视道路与市场的网络，他说，

---

1 就是中国历史上最关键的唐宋变革之结果，也与这一社会变化有关。许先生说，安史之乱以后，"客观环境，也促使中国前期的社会结构发生改变。外族搅乱了原有的社会秩序，大族逐渐解体，转变为地方性的大家族。他们只能盘踞于州郡以下，以农村为基盘，不再具有与政权直接抗衡的力量"（第十四章，213 页），这才形成宋代政治与文化的变化。"宋代的复杂系统中，社会、文化两项变量套叠非常紧密。中唐以前，社会力量最强大的全国性世家大族已经被地方性宗族代替了。宋代科举选拔的士大夫，就是这些地方宗族的综合体，而宋代发展的道学、理学，为儒家文化体系建立了无上的权威。这些士大夫也正是儒家理念的代言人。于是，在宋代复杂体系之中，社会精英与文化精英是合一的"（第十五章，220—221 页）。

不仅仅是秦汉贯通全国的驿道，大唐帝国的“道”与宋代王朝的“路”，严密的驿站系统，对人员的流动与商品的贸易很有作用，这一原因也维系着“中国”本部的基本稳定（第七章，110页）。

（三）文化方面：许先生自有自己的看法，对于轴心时代的中国思想文化，他有一个相当概括的说法，“古代的中国，从宗教信仰来说，大约可以有‘神祇’和‘祖灵’两个信仰方式。……神祇和自然崇拜的部分逐渐发展为阴阳五行的学说，在哲学的领域则发展为道家的自然思想。在后者，也就是祖灵崇拜的部分，儒家将商周封建体系的血缘组织观念和祖灵崇拜结合为一，构成以血缘关系为基础的伦理观念。儒家思想的旁支，则是将儒家理念落实于管理理论的所谓法家。儒、道两大系统在秦汉时期，逐渐综合为庞大的思想体系”（第十四章，206—207页）。这个互相可以弥补，但又具有笼罩性，却不是宗教而是政治的庞大文化体系，铸成了汉唐“中国共同体”政治基础，也使得这个共同体在文化上有一个基本的价值系统。当然，这个价值系统在宋代出现了新的变化，在传统内变的主流思想尤其是儒家文化，在宋代提升、蜕变、转型，更成为后世“华夏 / 中国”的思想基础。许先生对于宋代以后形成的儒家中国文化，与欧亚的基督教和伊斯兰教作了一个对比，他认为，欧洲在近世经历宗教革命和民族国家兴起，普世教会从此解体；伊斯兰世界经过欧洲帝国主义冲击，各个教会只能管到自己的教徒，也失去了普世性。“倒是中国的儒家，并没有教会，也没有明显的组织。儒生寄托在政权的体制内，朝代可以改变，可儒家权威及其造成的社会制度，却长久存在。”（第八章，134 页）[1]

这些大判断背后有大知识，大历史的宏观叙述底下，有很多个案微观研究的支持。不仅如此，杰出的历史著作除了给这些大判断，还总会向读者提出一些进一步思索的新问题。许先生书中提出的一些议题，我以为相当重要，尽管现在未必能有最后的结论。比如，他指出秦汉以后，有的地区融入中国并成为中国的一部分，但是，“有三个地区[2]，也在这个时期大量地接受中国文化，也接受中国的移民，却没有成为中国的一部分”（第五章，83 页）。这是什么原因？许倬云先生推测，这是因为中国对这些地区，不是经由主干道渗透各处，乃由海路进入，属于跳跃式的连接，并提出这可能是秦汉帝国（大陆为帝国中心）与罗马帝国（半岛为帝国中心）之差异。是否如此？想来还可以继续讨论，但至少这是一个有趣的思考方向。又比如，元朝和清朝，这种非汉族政权的两元帝国结构，给“华夏 / 中国”带来的问题相当深刻和复杂，他认为，“这种两元的帝国结

1 然而，清代四项变数失衡。“清朝时，这一复杂共同体中的四项变量之间，没有建立一个互相制衡或者互相支持的平衡关系。这个共同体本身，除了走向衰败，其间也没有自我调节的修补功能。”（第十五章，226 页）

2 即越南、朝鲜和日本。

构，引发中国疆土究竟该如何界定的困难。辛亥革命爆发，民国成立以后，清朝皇帝的逊位诏书确认把将来全部的领土转移给中华民国，这是民国疆域延续清朝帝国领土的法律根据。可是，日本人图谋侵略中国，还是屡次以清朝为两元帝国的理由,致力在满洲和蒙古分别成立傀儡政权”(第十二章，181—183 页)。是否真的如此？下面我还会继续讨论，“华夏 / 中国”即有关疆域、族群、认同的复杂问题，是否与这种二元帝国结构有关？现在的历史学者如何解说和评价这个二元帝国结构？这更是值得深思的大问题。

这是大问题，也是大难题。

五　华夏论述的难题：疆域、族群与文化

让我们再回到历史。

“华夏 / 中国”论述中，比宋代更困难的无疑是元明清三代。无论是日本学者本田实信等有关纳入世界史而不算中国史的“蒙古时代史”理论，还是美国新清史学者如罗友枝等反对汉化，强调满族认同和多元帝国理论，依托的都是元朝与清朝这两个改变中国史进程的异族王朝。如何处理这两个超越汉族王朝大帝国的历史，以及如何定位重新成为汉族王朝的明朝历史，对它们所造成“华夏 / 中国”论述的复杂性究竟应当如何理解，这确实是很麻烦的事情。

尽管站在汉族中国立场，许先生在理论上大体上赞同“征

服王朝”的说法[1]，但是作为一个同情“华夏 / 中国”的历史学者，他又不完全认同元朝与清朝是两个“外族政权”。因此，他大体上秉持的历史认知，是元朝与清朝应当算“双重体制”[2]，这一点似乎无可厚非。特别是，我能感到许倬云先生站在当世，对这数百年历史造成后来中国衰败的痛心疾首，也能够理解许倬云先生追溯“华夏 / 中国”历史形成过程中，对于满蒙两个异族王朝的复杂态度。为什么这样说？因为在书中，他把这段历史看成佛家所谓“生、成、住、坏”的“坏”阶段，这种感情与理性的冲突，对历史上天下帝国的光荣记忆和对现实衰落国家的痛苦感受，使得这部书在“华夏 / 中国”论述中，呈现出了丰富而复杂的歧义性。

仔细阅读许倬云先生有关元明清六七百年那几章叙述，也许读者都能体会到，由于对近代中国命运的深刻感受，许先生特别抨击元朝和清朝，说它们是“完全倚仗暴力压制的统治形态”征服中国全部，“在中国历史上留下深刻烙印”。他认为，最重要的是元朝与清朝两个王朝，改变了传统中国

1 “清朝是一个征服王朝，满人的地位，不言而喻，是征服者。依据上述安排，清朝的皇权比之前的征服王朝更为制度化地反映了征服者与被征服者之间的主从关系。”（第十二章，179 页）

2 “忽必烈在中国建立元代，等于是自成格局。在他治下的汉地部分，可以称为‘中国’，他的朝代可以看作中国列朝的一部分。”所以，他试图把忽必烈之前的蒙古史与忽必烈之后的元朝史，分开处理，前者可以不算“中国王朝史”，而后者则可以算“中国列朝的一部分”（第九章，140 页）。

的价值观念和社会状态[1]，“这种建立在暴力基础上的政权，并不依赖传统中国皇权的‘合法性’，统治者并不在乎中国传统对‘天命’的解释”（第十五章，222 页）[2]，他甚至认为，由于元朝和清朝将种族分为不同等级，因此造成“族群分类的阶级社会”，又由于君主权威性的来源从“民心”与“天命”变成“暴力”，士大夫通过言论和廷议制衡皇权的可能被暴力所扼杀，造成人民无尊严、民族有等差，社会精英消沉，“君主权力无人可以挑战，也无人可以矫正”（第十二章，185 页）。尽管夹在中间的明代恢复了汉族中国，“宣告了中国历史上天下国家的结束，肯定了汉人民族对华夏文化的认同”（第十章，153 页），但他认为明朝并未恢复传统文化中皇权需要“民心”与“天命”的传统，因为“明代本身的皇权继承了元朝的暴力性格，其专制程度为中国历史上前所未有”（第十五章，223 页），注入锦衣卫、东厂、西厂之类造成的暴戾之气，使得“明代固然恢复了汉人自己的统治，却丧失了天下国家的包容气度，也没有消除征服王朝留下的专制统治。到了清朝时，这一遗毒被另一征服王朝继承，中国

1 “中国传统的‘天命’观念，及‘天命’应建立在‘民视’‘民听’基础之上的相对性，经过上述全盘暴力镇压的残酷现实，竟从此再不能支持百姓对绝对皇权的抵抗。”（第九章，139 页）

2 “元朝与清朝的绝对皇权，其暴力性格，正如前文陈述，超迈过去的征服皇朝。在这种体制下，中国传统皇朝的皇权再也不受文官体系所代表的社会力量的制衡”（第九章，151—152 页）。这一说法，在论及清代的时候再次重复，“皇朝的统治方式已经与汉代以来的帝国体制有根本的不同处”（第十二章，184 页）。

又沦为征服之地”（第十一章，175 页）[1]。由于士族与文化始终“在皇权掌握之下”，而“经典的意义永远保留在原典状态，不再有与时俱进的解释和开展……伦常纲纪的意义，对统治者而言，这最有利于肯定忠君的思想和伦理观念”。所以，在文化闭关自守的时代，比如清代所谓的“盛世”，也只是文化活力的消沉[2]。有时候，许先生这种批判不免带有浓重的情感色彩，所以，也会看到许先生使用这样激烈的词句：“传统的‘天下国家’，应当是国家下面就是广土众民，现在，‘天下国家’剩了一个皇上，和一群奴颜婢膝的官僚而已。”（第十三章，198 页）[3]

这是有良心的历史学家的现实关怀和忧患意识。我相信，许先生无疑深感现实世界的刺激，他担心的是，在世界文明

1 “六七百年来，连续不断的集权专制，以及闭塞的形势，使中国失去主动积极的气魄，当近代的世界正在迈入现代时，中国落后了七百年！如果中国以如此长久而且丰富的人文思想传统和天下国家的豁达包容气度，也参加了七百年来走向全球化的过程，这对人类历史的正面影响将是如何巨大！这是中国历史的悲剧，也是世界历史的不幸。”（第十一章，175—176 页）

2 所以，他的结论是，“清朝政权只是以威权统治中国，从来没想到要在原有的文化基础上扩张和发展——这也许真的是结束的开始（beginning of the end）”（第十三章，197 页）。

3 他说，清朝王朝时期，蒙古被视为同盟，“而不是如同汉人一样的被征服者”，“清朝皇室与蒙古、西藏之间，是以朝贡与婚姻的方式，保持彼此间的密切关系”，但是汉族却是被统治者。“这一个看上去似乎是传统的‘天下国家’，论及实际，也就和元代一样，是一个征服王朝，并不具备‘近悦远来’的气度”（第十二章，181、184 页），因此，“经过三个朝代七百多年的压制后，近代中国又蒙受一个世纪的内忧外患，中国文化似乎已经丧失了与暴政抗争的意志！”“元、明、清以来七百多年的衰败，使得发展了一万多年的复杂共同体一旦崩解，几乎不能再收拾起来”（第十五章，225、227 页）。

存在（Being）和变化（Becoming）之大潮中，中国如何自处。“西方的现代文明本身也已经趋于老化，如何在双重迷失的情况下，致力重整原来的共同体，建构一个动态平衡的新系统，将是各地中国人都必须面对的难题”（第十五章，227页）。可是，回顾元明清这数百年“华夏 / 中国”的历史，却使得许先生感到中国既不再有汉唐时代的包容和闳放，也失去了儒家思想与知识阶层对皇权的严正批判精神，这使得中国“失去主动积极的气魄”，因此对近世历史不免批评得颇为严厉。不过，作为历史学家的许先生当然也会观察历史的背面，当他论述“华夏 / 中国”作为多民族共同体的时候，他也客观地对元朝和清朝，加上夹在中间的明朝，作出同情的论述。毕竟，现在这个庞大的中国奠定于这六七百年，无论是疆域、族群及文化的扩大和多样，还是中国核心区域内同一性文明的整合，对于现在这个“华夏 / 中国”，元明清三个王朝都相当重要。

因此，在讨论元朝时代的时候，许先生指出元朝时代出现的“族群同化”改变了中国的人口结构，波斯人、阿拉伯人、犹太人移入中国，汉人移居东南亚进入印度洋，造成了族群混融[1]，这些异族带来的宗教（如伊斯兰教、藏传佛教），他们使用的文字（如八思巴创造蒙文），各种天文、历法、数学、医学、建筑知识，“灌注于中国，使宋代中国原本已经相当

---

1 当然，他也提到了蒙古时代欧洲的黑死病，由于蒙古大帝国与东方交通，传入东方，人口锐减，经济状况的南北变化，人口南北混合。这些都是超越中国史范围的论述。

精致的文化，更为多姿多彩”（第九章，146 页）。在元朝时代的杂糅与混融之后，明朝又一次恢复汉族王朝，与周边诸国也重回实质上的“列国争霸的国际秩序”[1]，但是，明王朝的卫所驻屯、封建诸王、迁徙人口、扩大科举，虽然目的原本在通过改变地区性人口的结构，培养对君主忠诚的特权阶级，以保障皇权的稳固，但客观上再次凝聚了“中国本部”的文明同一性，特别是“汉族人口不断移入西南，并在川、桂、黔、滇各处开通道路，垦拓山地；也经过羁縻政策，让土司自治，然后改土归流，最终将其融入帝国版图中”（第十一章，166—167 页）[2]，也整合了这个国家内部行政管理的统一性。至于清朝，则更是打破了“边墙”，先是与蒙古合作，征服漠北、漠西和准部，“青海大草原的蒙古部落，以及天山南北麓的回部，也都成为清朝的领土”，加上支持西藏达赖和班禅建立王朝统治下的“神权统治体制”，收复明郑之后的

1 许先生在《我者与他者》（生活 · 读书 · 新知三联书店，2010）一书中说过，郑和下西洋、土木堡之变、东南倭寇之乱、万历壬辰之役，这四件大事说明，明朝没有“建构如同汉唐一样，中国为中心的天下国家，明代时的中国只想安于东亚列国中的大国”（101 页）；在本书中也说，明代的朝贡体系应当重新认识，初期设立交趾布政司，与安南交战，以及万历壬辰朝鲜之役，“和过去天下帝国的同心圆结构下的国际关系并不一样，毋宁是近代主权国家之间在帝国主义体制下的争夺霸权”。至于明代的朝贡制度，“实际上是一种被动的官方贸易：进贡的藩邦除了带来贡品，也顺便带来他们的土产在口岸发卖，明政府给予进贡船队的赏赐，其价值通常多于贡品”（第十一章，167、168 页）。

2 《我者与他者》中说，明代在滇黔地区，“相当有效地化‘他’为‘我’，融合了当地的少数族群”（101 页）；当然，由于人口不断移入，也引起后来“大槐树”传说，许倬云先生认为，这也是“天下帝国的同心圆结构”（第十一章，167 页）。

台湾，对西南的改土归流，使得清朝形成了更加庞大的“双重体制”的帝国。许先生指出，一部分汉土百姓“由帝国的政府统治，帝国的首都在北京”，一部分清朝与蒙藏回人共同信仰藏传佛教，承德则“是帝国草原部分的首都”。正是在这六七百年间共同体的“扩张”“收敛”再“扩张”的变化中，古代华夏渐渐成了近世中国。

现在我们可以承认，无论是蒙古西征和回族东来，还是满族入关与大清建立，虽然是“以草原的力量进入中原”，但都给中国传统乡村秩序为基础的社会和儒家思想为基础的文化带来了巨大的冲击：回族人和西洋人有关天文和地理的知识（包括了世界地图、西洋历法和地球仪），给中国带来了一个更加广袤的世界；他们有关经商和贸易的经验，穿越不同宗教信仰和不同族群地域的观念，给原本以农为本的乡土中国，带来了国际性市场和更广大视野；元朝与清朝这两个异族王朝，多多少少冲击了中国社会结构，曾使得若干城市越来越发达，以至于形成与传统“士农工商四民社会”相当不同的价值观念，也同时影响了小说和京剧等原本在乡村秩序中处于边缘的文艺形式的繁荣；各种不同族群与宗教的进入，又多多少少改变了传统中国同一的文化与思想；特别是，元朝时代把中国带入欧亚一体的大世界，成为“早期全球化的前奏”；夹在中间的明王朝，又使得南北经济重心彻底逆转，带动了西南边远地区的开发，强化了中国核心区域的文化同一性。到了清代，台湾并入州县，西南改土归流，回部、西藏、蒙古等族群和区域纳入版图，使得“华夏／中国”真正成为一个疆域广阔、族群众多、文化复杂的大帝国。

可是，恰恰是这一点让许先生非常警觉，因为这个不断变迁的历史给“华夏／中国”论述带来了极大的困扰，他说，“这种两元的帝国结构，引发中国疆土究竟该如何界定的困难”（第十二章，181 页）！

六 不是结语：如何重建“华夏／中国”论述？

确实是困难。无论在民族、疆域还是认同上，这个“华夏／中国”在历史上曾经很庞杂和包容，你可以称之为“天下帝国”，也可以称之为“中国共同体”。为了表达对族群与文化的多元主义，也为了理解目前这个庞大的（多）民族国家，人们很容易追溯汉唐，觉得那个“天苍苍、野茫茫”如穹庐般笼罩八方的天下帝国，就是“华夏／中国”的基础。许先生就曾用“天下国家”来说明汉唐中华帝国[1]，也曾用“双重身份”“双重体制”来描述异族征服王朝。在这种包容性的“华夏／中国”论述中，无论是北朝胡人君主、唐太宗，还是后来的元朝与清朝皇帝，都可以算是“华夏”的统治者，无论是北朝、契丹、金元，还是清朝，都可以是“中国”。特别

---

1 “只有秦汉与隋唐当得起‘天下帝国’的地位，因为在这两个重要的时期里，中国是开放的，而且是发展的。”（第十四章，211 页）

是许先生称之为“大成”的唐朝[1]，它拥有广袤的疆域，而且这种天下帝国造成了在华胡人的汉化，这就是唐代中国的天下秩序（第七章）。

但问题是，到了宋、明，这个天下帝国却从开放到收敛，从“包容四裔”的天下帝国，渐渐收缩成“严分华夷”的汉族国家。它重新成为容纳广袤四裔、统治各个族群的大帝国，却是在元朝与清朝两个所谓“征服王朝”。就是到了中华民国和中华人民共和国，“华夏 / 中国”仍不得不承袭大清王朝疆域、族群、文化方面的遗产。正如许先生所说，“在今天东亚的中国地区，长久以来并没有形成西方‘民族国家’的观念。也就是说，政治共同体是一个天下性的大结构，在这个‘天下’的下层，才有各种其他的区块”（绪论，14 页）。可麻烦的恰恰是，一方面，现代国家不能再是“天下帝国”，它不能不限定领土、族群与国民，汉唐时代那种“包容和弹性”的天下秩序只是光荣的历史记忆，而无法成为现代国际认可的准则；另一方面，悠久而荣耀的历史记忆，又使得现代中国历史学者，理性上虽然超越“华”“夷”，追慕包容性的天下帝国，但感情上会不自觉地区别“内”“外”，以汉族中国为“我者”来叙述“华夏 / 中国”。许先生在书中交错地使用“华夏”“中国”“中华”“中国共同体”“汉人中国”等词，

1 “汉代是充实华夏，完成‘中国’本体的‘成’；唐代则是取精用宏、开展性的‘大成’。……在此以后……逐渐固定、僵化，而逐渐衰败。”（第七章，117 页）

有时候也使用“中国本部”这个名词，这让我们想到顾颉刚、傅斯年在20世纪三四十年代对“本部”这个概念的批判[1]。且不说当年认定这一概念来自日本帝国主义分裂中国疆土的阴谋，意味着十五省或十八省之外的满、回、藏、蒙等地区并不是“自古以来的中国领土”，就是历史叙述中，当学者使用这一概念时，立场也会不自觉地变成以汉族中国为中心，因而有了内与外、我与他，甚至华与夷。这一点似乎与“华夏 / 中国”论述中原本肯定兼容并蓄的文化、包容杂糅的族群和没有边界的疆土的观念，稍稍有一些冲突。特别是，讲汉族之外的异族“各自作为复杂的共同体，其中有相当大的部分是在中国共同体以外”，甚至把胡人“汉化”看成“华夏 / 中国”开放秩序的海纳百川，则不免会让人误解为“以汉族中国为中心”与“华夏文化高于四裔”。

“有的民族以自己的历史为耻，有的民族简直没有历史可言，有的民族则因为自己的历史核心空无一物而忧心”，哈罗德 · 伊萨克（Harold R. Issacs）在《族群》（*Idols of the Tribe*）一书中曾经如此说，接下来，他又说道，唯有犹太人可以建立认同，因为他们靠的“只是历史，而且靠着历史才能得以存活至今”[2]。可是，“华夏 / 中国”的历史却不同，它

1 顾颉刚《“中国本部”一名亟应废弃》《再论“本部”和“五族”两个名词》，收入《顾颉刚全集》第36册《宝树园文存》(卷四)，中华书局，2010年，88—93、117—122页。

2 ［美］哈罗德·伊萨克著，邓伯宸译:《族群》，立绪文化事业有限公司，2004年，200—201页。

不是缺乏历史，而是历史太多，它不是只有一个历史，而是拥有好多个彼此交错的历史，这个历史在给现在的历史学家出难题，使得历史学家一面为这个国族的历史经历太丰富而觉得难以处理，一面为这个现实国家的疆土太庞大而不知如何对历史加以论证。

也许，这难题恰恰是中国史研究者必须面对的课题？

2014 年 11 月 25 日